干場義雅が愛する
究極のブランド
100
+5
大人の男女にすすめたい！

日本文芸社

MAKE A STYLE.

ライダースジャケット「アッカ ウォモ」14万8000円／エンメ ティ（インテレプレ）、腕時計 「クロノライナー」私物／ブラ イトリング（ブライトリング ・ジャパン）、サングラス3万 5000円／レイバン（ルックス オティカジャパン カスタマー サービス）、Tシャツ7000円／ クロスクローゼット、パンツ6 万5000円／ニール バレット （ニール バレット ギンザシッ クス）

ライダースジャケット「アッカ ドンナ」14万8000円／エンメティ（インテレプレ）、ノースリーブのタートルニット私物／クルチアーニ、スカート私物／ステラK、サングラス6万5000円／オリバー・ゴールドスミス（ブリンク ベース）、ピアス、腕時計 ともに私物

THE STYLE
SHOULD NOT BE A DAY.

（男性）腕時計「フィフティーシックス・コンプリートカレンダー」自動巻き、18KPG、40mmケース、パワーリザーブ40時間、アリゲーターストラップ354万円／ヴァシュロン・コンスタンタン、シャツ1万8000円／インダスタイル トウキョウ（丸和繊維工業）、パンツ私物／インコテックス（スローウエアジャパン）
（女性）腕時計「パトリモニー・オートマティック」自動巻き、18KPG×ダイヤ、36.5mmケース、アリゲーターストラップ384万円／ヴァシュロン・コンスタンタン、ニットアンサンブル私物／ クルチアーニ、パンツ3万3000円／インコテックス（スローウエアジャパン）

DON'T THINK. FEEL

トゥースペースト「シナモン・ミント」1600円、トゥースブラシ900円、スクイーザー1500円、マウスウォッシュ2800円／すべてマービス(アッパーハウス)

スーツ「ミラノ」32万9000円〜(オーダー価格)／エルメネジルド ゼニア(ゼニア カスタマーサービス)、シャツ1万8000円／インダスタイル トウキョウ(丸和繊維工業)、ネクタイ1万円／タカシマヤ スタイルオーダー サロン(髙島屋 新宿店)、チーフ 私物／ムンガイ(ストラスブルゴ)、ロングホーズ3500円／グレンクライド(グレンクライド ソッククラブトウキョウ)、シューズ5万2000円／ダブルエイチ(オリエンタルシューズ)、度付き仕様のサングラス「ウェイファーラー」3万5000円／レイバン(ルックスオティカジャパン カスタマーサービス)、2ルームのブリーフバッグ6万8000円／ペッレ モルビダ(ペッレ モルビダ 銀座)、傘3万6000円／フォックス・アンブレラ(ヴァルカナイズ・ロンドン)

はじめに

『LEON』や『OCEANS』、『エスクァイア日本版』、現在編集長を務めているWEBマガジン『FORZA STYLE』など、長年、ファッション&ライフスタイル雑誌の編集に携わってきて辿り着いた僕なりの哲学があります。それは、「移り変わるファッション（流行）より、普遍的なスタイル（型）を」。「多くの粗悪なものより、少しの上質なものを」ということ。

流行や安いものが悪いとは言いませんが……、読んで字の如く「流れて行くもの」は、いずれ廃れます。また「安物買いの銭失い」という言葉があるように、安いからといって買っても、買った時は得をしたように感じますが、すぐに壊れて使いものにならなくなります。流れていくものや安いものばかりに目がいってしまっては、いつまでたっても自分のスタイル（型）は形成できません。ただ、高いからといっても必ず良質なものだという確証もありません。僕がお伝えしたいのは、「ファッション（流行）ではなくスタイル（型）」。言ってみれば、スタイルとは「自分の型」。干場なら干場型を作ることが大切なのです。そして、良質なものを選び抜く確かな目を持つことです。

それは男性だけでなく女性も同じです。

もうひとつお伝えしたいのは、「洋服が素敵と言われるのではなく、○○さん素敵」と言われるような男性や女性になって欲しいということ。洋服が素敵というのは、あくまでも洋服だけが褒められているのであって、本人が素敵ということではありません。インテリアやライフスタイルも然り。やはり本人そのものが素敵と言われることこそ嬉しいものです。そう言われるようになるためには、健康に留意し、中身を磨くこと。磨いた中身を際立たせるために、洋服や小物、毎日の生活の中心となる自宅のインテリアはなるべくシンプルでベーシックにして、そのものの本質が上質なものを選ぶことです。その人をさらに輝かせることが本来の目的なのですから……。

僕が愛するものには価格が高いものも安いものもあります。また、ブランドもさまざまです。でもどれも良質な素材で、シンプルなものがほとんど。飽きがこないものだからこそ、歴史の中で長く多くの人に愛用されてきたといえます。洋服も、小物

も、インテリアも、暮らし方も、すべてはバランスが肝心です！ これ見よがしに、ブランドが前面に出ているものをたくさん身に着けているのは好きではありません。あくまでもさり気なく……。できるだけ無駄を省き、色や柄は使わず、風景に馴染み、装う人自身の魅力が最大限に引き出されるスタイル。それこそが僕の理想なのです。

拙著6冊目にあたるこの本では、長年、編集者として僕が良いと感じた究極のブランドの逸品を、大人の男性と女性のためにご紹介していきます。スタイルやライフスタイルに当然正解はありませんが、この本を通して、いろいろなブランドの良質なものを知っていただき、皆様の人生を豊かにするためのお手伝いが少しでもできれば幸いです。愛し合う大人の男女がゆったりとソファーに座って、この本を眺めながら、あれこれと語らい合っていただけると嬉しいです。

干場義雅

自分のスタイル（型）が定まってからは、クローゼットの中を同じハンガーで、春夏と秋冬で素材と色を変えてスーツを整理しています。ブランドはさまざまで、ほとんどが無地。素材はフランネル、サキソニー、ウーステッド。色はライトからミディアム、チャコールへ。このグレースーツのコーナーの他に、ネイビースーツやシャツ、コート、アウター、インナーのコーナーがあります。

CONTENTS

はじめに　10

THEHE 1　OUTER

01　LORO PIANA　ロロ・ピアーナ　20

02　MOORER　ムーレー　22

03　MAX MARA　マックスマーラ　24

04　AQUASCUTUM　アクアスキュータム　25

05　HERNO　ヘルノ　26

06　ES: S　エス　28

07　HEVO　イーヴォ　29

08　SANNINO　サンニーノ　30

09　BEAMS F　ビームス F　31

10　SAINT LAURENT　サンローラン　32

11　EMMETI　エンメティ　34

12　FIXER　フィクサー　36

THEME 2　SUITS & JACKET

13　ERMENEGILDO ZEGNA　エルメネジルド ゼニア　40

14　RALPH LAUREN PURPLE LABEL
ラルフ ローレン パープル レーベル　42

15　PECORA GINZA　ペコラ銀座　44

16　B.R.SHOP　ビーアールショップ　45

17　GIORGIO ARMANI　ジョルジオ アルマーニ　46

18　NEIL BARRETT　ニール バレット　48

19　KITON　キートン　50

20　BELVEST　ベルヴェスト　52

THEME 3　ONE-PIECE

21　JIL SANDER　ジル サンダー　56

22　AKRIS　アクリス　58

23　YOKO CHAN　ヨーコ チャン　59

THEME 4 KNIT & SHIRTS

24 ZANONE ザノーネ 62

25 CRUCIANI クルチアーニ 64

26 TRADUIRE トラデュイール 66

27 JOHN SMEDLEY ジョンスメドレー 67

28 INDUSTYLE TOKYO インダスタイル トウキョウ 68

29 THE SUIT COMPANY ザ・スーツカンパニー 70

30 ARCODIO アルコディオ 71

31 MARIA SANTANGELO マリア・サンタンジェロ 72

32 +CLOTHET クロスクローゼット 73

THEME 5 BOTTOMS

33 DSQUARED2 ディースクエアード 76

34 MINEDENIM マインデニム 77

35 RED CARD レッドカード 78

36 THEORY LUXE セオリーリュクス 79

37 INCOTEX インコテックス 80

38 GERMANO ジェルマーノ 81

39 BEIGE, ベイジ 82

40 STELLA K ステラケイ 83

THEME 6 WATCH

41 VACHERON CONSTANTIN ヴァシュロン・コンスタンタン 86

42 PATEK PHILIPPE パテック フィリップ 88

43 AUDEMARS PIGUET オーデマ ピゲ 90

44 CARTIER カルティエ 92

45 A. LANGE & SÖHNE A. ランゲ & ゾーネ 94

46 ROGER DUBUIS ロジェ・デュブイ 95

47 BREITLING ブライトリング 96

48 PANERAI パネライ 97

49 ROLEX ロレックス 98

50 GRAND SEIKO, SEIKO グランドセイコー, セイコー 99

THEME 7 JEWELRY

51　HARRY WINSTON　ハリー・ウィンストン　102

52　GRAFF　グラフ　104

53　BVLGARI　ブルガリ　106

54　TIFFANY & CO.　ティファニー　108

55　DAMIANI　ダミアーニ　110

56　ASPREY　アスプレイ　112

57　MIKIMOTO　ミキモト　113

THEME 8 BAG

58　CHANEL　シャネル　116

59　HERMES　エルメス　118

60　LOUIS VUITTON　ルイ・ヴィトン　120

61　GUCCI　グッチ　122

62　PRADA　プラダ　123

63　RIMOWA　リモワ　124

64　FPM　エフ ピー エム・ミラノ　125

65　NANTUCKET BASKET　ナンタケット バスケット　126

66　PELLE MORBIDA　ペッレモルビダ　127

THEME 9 SHOES

67　JOHN LOBB　ジョンロブ　130

68　CHRISTIAN LOUBOUTIN　クリスチャン ルブタン　132

69　TOD'S　トッズ　134

70　JIMMY CHOO　ジミー チュウ　136

71　MANOLO BLAHNIK　マノロ ブラニク　137

72　J. M. WESTON　ジェイエムウエストン　138

73　WH　ダブルエイチ　140

74　PATRICK　パトリック　142

75　PELLICO　ペリーコ　143

THEME 10 ACCESSORY

76　TOM FORD, TOM FORD EYEWEAR
　　　トム フォード, トム フォード アイウエア　146

77	PERSOL ペルソール 148
78	RAY-BAN レイバン 149
79	OLIVER PEOPLES オリバーピープルズ 150
80	OLIVER GOLDSMITH オリバー・ゴールドスミス 151
81	TAKASHIMAYA タカシマヤ スタイルオーダー サロン 152
82	BROOKS BROTHERS ブルックス ブラザーズ 153
83	FOX UMBRELLAS フォックス・アンブレラ 154
84	HESTRA ヘストラ 155
85	MUNGAI ムンガイ 156
86	GLEN CLYED グレンクライド 157
87	MONTBLANC モンブラン 158
88	SMYTHSON スマイソン 159

THEME 11 BEAUTY

89	DE LA MER ドゥ・ラ・メール 162
90	CLE DE PEAU BEAUTE クレ・ド・ポー・ボーテ 164
91	HELENA RUBINSTEIN ヘレナ ルビンスタイン 166
92	DECORTÉ コスメ デコルテ 167
93	ADDICTION アディクション 168
94	SUQQU スック 169
95	ACQUA DI PARMA アクア ディ パルマ 170
96	PENHALIGON'S ペンハリガン 172
97	JO MALONE LONDON ジョー マローン ロンドン 173
98	MOLTON BROWN モルトンブラウン 174
99	BEAUTE DE SAE ボーテ デュ サエ 175
100	MARVIS マービス 176

THEME 12 INTERIOR & LIFE STYLE

101	BRUNELLO CUCINELLI ブルネロ クチネリ 180
102	CASSINA カッシーナ 182
103	RIGAUD リゴー 183
104	MAINETTI マイネッティ 184
105	CULTI クルティ 185

おわりに 186
SHOP LIST 188

ダウンコート「ヘルシンキ」38万円／ムーレー（コロネット）、Tシャツ7000円／クロスクローゼット、ニット5万3000円／トラデュイール（阪急メンズ大阪3rdSTYLE）、パンツ6万5000円／ニール バレット（ニール バレット ギンザシックス）、腕時計「サブマーシブル BMG-TECK™」146万円／パネライ（オフィチーネ パネライ）、サイドゴアブーツ5万2000／ダブルエイチ（オリエンタルシューズ）、サングラス 私物／レイバン（ルックスオティカジャパン カスタマーサービス）、スーツケース「バンク トランクby Marc Sadler」21万8000円／エフ ピー エム・ミラノ（サン・フレール）

THEME 1
OUTER

01 /105

Item:
OVERCOAT

Brand:
LORO PIANA

超リッチに見える、究極の旅アウター

以前、ミラノのモンテナポレオーネにある「COVA」というカフェ
で、部下とエスプレッソを飲んでいました。その時、たまたまこの
アウターを着た紳士が入ってきまして、とてつもなくリッチな雰囲
気を漂わせていたんです。往年のジャンニ・アニエッリのような美
しいロマンスグレーのヘアに日焼けをしていて、グレーのパンツに
ブラウンスウェードの靴、近づくと良い香りが漂ってきて……。休
日にヨットを楽しんでいるような雰囲気があるというか、いや～、
その瞬間に「こんな紳士になりたい」と思いました。普通の人が見
たら単なるオジサンね！で終わると思うんですけど……。僕は見た
瞬間にロロ・ピアーナの製品だとわかったんです。わかりやすいブ
ランド名もロゴも前面に書いてないですが、見るからにわかる上質
なナイロンの質感。ストレッチは利いているし、軽くてシワにはな
らないし、雨もはじくから旅にも最適。しかも内側が上質なカシミ
ヤなんです。贅沢さを全面的に押し出していないのが、まさにロロ
・ピアーナの真骨頂。M-65というミリタリージャケットからイン
スパイアされている機能的な男っぽいデザインにもヤラれました。
カラバリもあるし、レディスもあるので、白や黒のタイトスカート
に合わせて、女性教官風に着ていただきたいですね。地味ですが、
似合ったら、とんでもないオーラを放ちますよ！

(BRAND STORY)

1924年イタリアにて創業。ビキューナ、ベビーカシミヤ、最高級ウールなど、世界最高級
品質かつ貴重な素材を使って、テキスタイルとラグジュアリーアイテムを製造。6世代にわ
たって技術を継承し、ラグジュアリーの代名詞にもなっているブランド。

「トラベラー」男性用、女性用 各33万3000円／ともにロロ・ピアーナ（ロロ・ピアーナ
銀座並木通り本店）

MEN

WOMEN

02 /105

Item:
OVERCOAT

Brand:
MOORER

リッチで超ハイスペックな、究極のダウンコート

そもそもムーレーは大好きで、定番の「バルビエリ」をはじめ、すでに6着ぐらい持っているんですが……。久しぶりに背中に電流が走って購入したのがこの「ヘルシンキ」です。キモはなんといっても、一番着丈が長くて、一番暖かいこと。極端な話、コレ一枚あれば北極や南極だって大丈夫。超冷え性の僕にはピッタリなわけです。ダウンも、プルミュールダウンといわれる最高品質のホワイトグースを使用し、さらにイタリア政府の指定規格に従い、イタリア国内で殺菌洗浄するという徹底振りなんです。袖口にはウールのリブが装着され、肌触りがいいうえ、冷気を遮断してくれます。さらに、ハンドウォーマーポケットとウエストのドローコードも付属し、高い保温性とファッション性を兼ね備えたデザインに仕上げている充実ぶり。また、フード部分には天然のファーをあしらい、ボタンやファスナーは特注のオリジナル品を使用。ディテールにも一切の妥協がありません。シンプルで、シックなネイビーカラーで、ラグジュアリーな素材と作り。カタチは格好良いし、ロゴも控えめだし、軽くて暖かいし。大きなダブルフードの内側と前立てが取り外せるし。襟元の立ち上がりが高いから小顔効果もあるんです。スーツにもデニムにも、スポーティなスタイルにも似合います。価格は高いけど、これぞ一生モノですね!

(BRAND STORY)

2006年イタリアのヴェローナにて創設したラグジュアリーなアウターブランド。最高品質のホワイトグースダウンの原料であるガチョウは、日中は野外で、夜は室内のストレスのない環境で飼育。すべての商品がイタリア製で、パーツもオリジナル品を使い、縫製においても妥協はしないのがポリシー。

ダウンコート「ヘルシンキ」38万円/ムーレー(コロネット)

THEME 1_OUTER

MEN

03 /105

Item: **OVER COAT** Brand: **MAX MARA**

WOMEN

流行を超越して女性に支持される究極のキャメルのコート

マックスマーラのアイコンといえば、なんといっても「101801」に代表されるキャメル色のコートです。上質なウールカシミヤ素材で仕立てられた美しいドレープが出るコートは、誕生から30年以上経った今も世界中のセレブリティやワーキングウーマンたちに支持されています。このコートを知ったのは、とある寒い冬の日ミラノでスナップ撮影をしていたときのこと。高級なリストランテにキャメルのコートを纏ったマダムが入って来たんです。インナーはなんとノースリーブのタートルニットを着ていて……。その意外性と、グレーニットにグレーパンツの組み合わせ、コートを脱ぐ所作までもが、なんともエレガントだったのを覚えています。美しい大人の女性にぜひ着てほしいですね。

(BRAND STORY)

1951年アキーレ・マラモッティによりイタリアのレッジョ・エミリアにて創業。上質なウールカシミヤで仕立てたコートは瞬く間にブランドのアイコンとしての地位を確立。以降30年以上ベストセラーであり続け、ブランドとして多くのファンを獲得し続けている。

ウールカシミヤのベルテッドコート39万5000円/マックスマーラ（マックスマーラジャパン）

04 /105

Item: **TRENCH COAT**　Brand: **AQUASCUTUM**

女性の中身を際立たせる
究極の歴史ある
トレンチコート

僕が着ると『ルパン三世』に出てくる銭形警部に見えるのであまり着ないんですが大人の女性が着ると素敵に見えるのが、ベージュのトレンチコートです。中でもアクアスキュータムのものは定番中の定番。現在は女性でも着る人が増えましたが、そもそもトレンチコートは第一次世界大戦時に英国軍の男性たちがトレンチ（塹壕）の中で雨風を凌ぐために作られたのがはじまり。ライフル銃を固定する肩章、手榴弾を吊るすDカンなど闘うための機能満載で作られているから非常に男性的なものなんです。そんな男性的なコートを、あえて女性が着て素敵に見えれば、その女性の中身自体が素敵だということ。カジュアルにも着回せるので、大人の女性にぜひ峰不二子みたいに着てほしいなぁ。

(BRAND STORY)

1851年にロンドンで誕生後、その機能性と実用性を証明。のちに一流のコートの代名詞といえるほど世界的に有名なブランドとしてその名を確立。歴史に残る数々の伝説がある。

トレンチコート14万円／アクアスキュータム（レナウン プレスポート）

WOMEN

05 /105

Item:
OUTER

Brand:
HERNO

新素材と高機能で日々進化する、究極のアウター

ヘルノはもともとレインコートから出発したブランドだけあって、アウター作りが本当に上手いんですよね。キモは、なんといっても革新的なテクノロジーを駆使して生まれた高性能の最新素材を使いつつも、伝統を尊重したアウターに仕立てている点。高品質を追求する姿勢がとにかく凄いんです。中でも、ヘルノをここまで有名にしたのは、やはりダウンジャケット。皆さんもご存知のフランスの某有名メゾンのアウターを手掛けていることもあって、触れると素材の質感が群を抜いているというか、圧倒的にしなやかで高級感があるのです。その薄くて軽くて保温性の高いダウンには、誰もが衝撃を受けたはず。もちろん僕もその一人です。それが最近では、写真のようなカシミヤ素材のテーラードコートなんかも出していて、これがまた機能的なデザインやアイテムとの組み合わせによって、めちゃくちゃ使えるんです。かたい印象で見せたい仕事のときはテーラードコートとして。また休日にカジュアルなスタイルと合わせたいときはキルティングの前立てを取り付けてスポーティに。一枚持っていると超便利！そんなアウター作りは、もちろんメンズだけでなくレディスでも健在。このダウンコートなんて、軽いし、暖かいし、素材はラグジュアリーだし、しかもスタイルよくセクシーに見えるし……。僕が女性だったら間違いなく買ってますね（笑）。

(BRAND STORY)

1948年にジュゼッペ・マレンツィがイタリアのレーザにて創業。カシミヤやビキューナなど高級素材と最新素材を駆使し新たなイタリアンエレガンスを追求しているブランド。軽量で薄いのに保温効果が高いダウンコートで世界的支持を得ている。

コート 男性用、女性用 各参考商品／ともにヘルノ（ヘルノジャパン）

MEN

WOMEN

06 /105

Item: **TRENCH COAT**　　Brand: **ES:S**

究極のソフトな
ミリタリートレンチコート

エスのコートは、シューズデザイナーの坪内浩さんに教えていただき伊勢丹メンズ館で買ったもの。量感のあるたっぷりとしたシルエット、少し肩が落ち気味のラグランスリーブ、ボタンを上まで留めて着たときに出る丸みのある胸のカッティング、襟元の表情……。昔のアルマーニのコートを彷彿とさせる、なんとも柔らかくて男っぽいラインが出るのにヤラれて色・素材違いで4枚も購入しました。ウエストのベルトをギュッと締めればラップコート風になるし、締めないで着れば、きれいなAラインになるのもいいんです。ミリタリー由来のトレンチコートでありながら、エポーレットやガンパッチ、Dカンといったディテールをことごとく削ぎ落としてシンプルにしているのがキモ。見つけたら即買いがオススメです。

(BRAND STORY)

2014年創業。ヨーロッパの海軍や陸軍などヴィンテージのミリタリーウェアからインスパイアされたデザインを、現代風に落とし込むのを得意とする日本のブランド。

トレンチコート私物／エス（セカンド ショールーム）

07 /105

Item: **OVER COAT**　　Brand: **HEVO**

絶妙なトレンドが魅力の
究極のカシミヤコートを別注

ここ数年で、コートの趣がぐんと変わったと思うんですよね。ビッグシルエットやゆったりと丸みを帯びたAライン、ラグランスリーブのドロップショルダーといった女性のトレンドがメンズにも波及してきていて、クラシカルなクロージングの方面にも影響を及ぼしています。その先駆けとなったのがこのイーヴォです。中でもお気に入りなのが、僕が編集長を務めるWEBマガジン『FORZA STYLE』で別注をかけたネイビーコートです。上質なカシミヤ100％で、ウエスト部分にベルトが付いているんですが、着こなし方次第でビジネススタイルはもちろん、ニットに合わせてカジュアルにも着られるほど汎用性が高いんです。あと着ると、イイ人そうというか、かわいいオジサンに見えるのもいいんです（笑）。

(BRAND STORY)

2010年イタリアのプーリア州で創業したアウター専業ブランド。進化と発展を意味する"evolution"と、感性や感情を呼び覚ます"evocation"に由来し、現代的なセンスを融合させたウェアを提供している。

カシミヤコート25万円／イーヴォ（トヨダ トレーディング プレスルーム）

08 /105

Item: OUTER | Brand: SANNINO

渋みのある、究極のスウェードアウターを作りました

2017年のピッティ期間中に、「知名度はないけど実力は折り紙付きのブランドがあるので見に行きませんか？」とジェイアール名古屋タカシマヤのバイヤーの方に紹介していただいたのがサンニーノ。世界的メゾンのOEMを長年請け負ってきた、知る人ぞ知るファクトリーブランドです。極上の素材を使い、付属品にこだわったアウターがいろいろありますが、「せっかくなら干場モデルを作りませんか？」ということで作ったのがこのスウェードのM-65です。見た目は軍モノで男っぽいのに、触れるとめちゃくちゃ柔らかいのがキモ。茶色も渋くていいでしょ。小顔に見える襟の高さやポケット位置、スーツの上着よりも数センチ長めの着丈にもこだわって、これで19万5000円。世界的メゾンなら、倍の価格ですよ、おそらく（笑）。

(BRAND STORY)

40数年の間有名ブランドのOEMとして製作を請け負っているサンニーノ家のファクトリーブランドとしてデビュー。素材選びからデザイン、縫製すべてがハイクラス。ジェイアール名古屋タカシマヤで取り扱い中。

スウェードのM-65 私物／サンニーノ（ジェイアール名古屋タカシマヤ）

20年間着続けている
究極のポロコート

これは20年前に買ったビームスFオリジナルのイタリア製ポロコートです。上品なキャメル色、カシミリーノの肉厚で柔らかな素材、普遍的で美しいデザイン、スーツからデニムまで似合う汎用性の高さに惚れ込み買いました。確か12万円ぐらい。ポロコートは、その名の通りポロ競技の選手たちが着用したもの。一見クラシックですがスポーティなのが魅力です。イタリアにも何度も着て行ったし、亡くなった父の病院にもよく着て行ったので思い出深い逸品です。しばらくして、このコートはあのビームスのクリエイティブディレクターの中村達也(なかむらたつや)さんが企画したものだったと聞きました。長年着ているから裏の脇がほつれたり、ポケットが擦り切れたり、上襟も縫い直したりして。その都度、修理をして大切に着ている僕の宝物です。

(BRAND STORY)
日本を代表するセレクトショップビームスのクラシックセクションが「ビームスF」。スーツからシャツ、コート、靴に至るまで、そのラインナップは世界中のバイヤーたちからも注目されている。

ポロコート 私物／ビームスF

10 /105

Item:
LEATHER JACKET

Brand:
SAINT LAURENT

ロックを感じさせる、究極のライダースジャケット

ライダースジャケットが持つワイルドな雰囲気が大好きで、いろいろなブランドのものを持っているんですが……。中でも、音を感じさせてくれるというか、ロックな大人の色気を感じさせてくれる一枚がコレ。そう、サンローランの「キース レーサージャケット」で、ローリングストーンズのメンバー、キース・リチャーズから名付けられています。キモは、なんといっても、ピタ～ッと身体に張り付くようなしなやかなラムレザーとセクシーなカッティング。腕もボディも細く、アームホールも小さいので、着る人を厳選するんですが、キマると、めっちゃくちゃセクシーに見せてくれます。削ぎ落としたシンプルなデザインが最高でしょ！ ファスナーや引き手、スタンドカラーのカッティングやネックの高さ、ディテールの美しさも完璧。両後ろ脇にある開閉できるファスナーも、後ろ姿をクールに見せてくれます。サンローランのライダースは、ファッション業界の、しかもカッコイイ大人の女性にもファンが多いんですよね。クラブやライブなど夜遊びに行くときなんかに、Tシャツにブラックデニムの上にサッと羽織って行く。もちろん、前のファスナーを閉めずに風をきりながら。熱くなったら脱いで、ロッカーの中にポン。そんな、軽快な感じで着るのが最高にクールですよね。

(BRAND STORY)

1962年フランスにてファッションデザイナーのムッシュ イヴ・サンローランが立ち上げたブランド。彼は2002年の引退までトップデザイナーとして活躍し、「モードの帝王」「20世紀の最も偉大なデザイナー」と称された人物。現在も人気のブランド。

ライダースジャケット「キース レーサージャケット」49万9000円／サンローラン バイ アンソニー・ヴァカレロ（サンローラン クライアントサービス）

11 /105

Item:
LEATHER JACKET

Brand:
EMMETI

究極の定番ライダースジャケットを作りました

出合いは2014年の8月。YouTubeの人気番組『B.R.CHANNEL Fashion College』の収録の時でした。まだ暑い最中でしたが、コレはヤバい！と思った記憶があります。柔らかなナッパレザー、シンプルで美しいカッティング、そして10万円台前半というコストパフォーマンス。着た瞬間に黒茶の2着同時の大人買いをしました。あまりに気に入ったので、それから10着ぐらい購入し、オーナーのマッシモさんにもインタビューし、いろいろな媒体で紹介してきました。で、遂に「そんなに気に入ってくれたんだったら、干場さんのコラボモデルを作りませんか？」とオファーをいただき、自分の理想のライダーズとして作ったのがこの「H（アッカ）」というモデルです。素材選びから、カッティング、パターンに至るまで、妥協せずに徹底的にこだわり抜いて作りました。素材は従来の革より厚みのある0.9mmワックス加工のラムスキンナッパレザーを使用。ウエスト部分をVラインにし前後差をつけることで、着た時に軽快でセクシーな印象になるように仕上げています。日本人の体型を美しく見せるようにパターンを改めて起こしているので驚くほど動きやすいのがキモ。今回は男性用だけでなく女性用も同時リリースしました。2019年9月に発売したんですが問い合わせ殺到。ワントーンでセクシーに着ていただきたいですね。

(BRAND STORY)

1975年にフィレンツェ近郊の町ヴィンチで創業。ファー＆レザーガーメントの工房から誕生したラグジュアリーブランド。スポーティでありながらエレガントなスタイルであることをコンセプトとし人気に！

ライダースジャケット「アッカ」男性用、女性用 各14万8000円／ともにエンメティ（インテレプレ）

THEME 1_OUTER

MEN

WOMEN

12 /105

Item:
LEATHER JACKET

Brand:
FIXER

謎中の謎！ 究極の魅惑のライダースジャケット

実はこのブランドを見つけたのは半年前。名古屋のセレクトショップ「Alto e Diritto（アルト エ デリット）」のスタッフが見たことない、プロビデンスの目のような指輪をしていたので「何コレ？」って聞いたんです。そしたらコッソリ教えてくれたのがこのブランド。フィクサーという名前からして怪しいんですが、笑っちゃうのが何を調べても一切情報が載ってないこと。その時も、たまたま店の奥に1個だけあった18金の指輪を出してもらい買うことができました。前回行った時はクロコダイルのブレスレットがあって、二重に巻く太目のタイプなんですが、クロコダイルをまるまる1枚贅沢に使っているんです。しかも金具のバックルの部分はホワイトゴールド。超絶ラグジュアリー！ さらにヤバいのがこのライダース。シングルのようでダブル。ハードさがあるのに素材はしっとりで、着たらとてつもないオーラが出るんです。とりあえず予約しました。入荷したら教えてくれるとは言ってたけど、「買えるかどうかはわからないです。なんせ作り手が凝り性でデラ気分屋なんで」と……。マジかよ！デラ謎過ぎる。喉から手が出るほど欲しいのに、ずっとお預けプレー（笑）。まるでアメとムチを使いこなすとてつもない魅力を秘めたSMの女王様に心を奪われてしまったかのよう……。こりゃ、気長に待つしかなさそうですね。

（BRAND STORY）

デザイナーが誰なのか、本拠地はどこなのかもまったくの謎。唯一わかっているのは、超絶な高級素材を使って、究極なまでにシンプルでクールなデザインにしていること。見つけてからというもの、毎日チェックするほどの新進気鋭の注目ブランド。

（上）ライダースジャケット23万円 （左）リング18KWG 45万円 （右）クロコダイルブレスレット×18KWG 75万円／すべてフィクサー（アルト エ デリット）

THEME 1_OUTER

オーダースーツ「干場モデル」私物／ビー・アール・ショップ、シャツ1万8000円／インダスタイルトウキョウ（丸和繊維工業）、ネクタイ1万円／タカシマヤ　スタイルオーダー　サロン（髙島屋　新宿店）、チーフ　私物／ムンガイ（ストラスブルゴ）、ロングホーズ3500円／グレンクライド ソッククラブトウキョウ）、シューズ5万2000円／ダブルエイチ（オリエンタルシューズ）、腕時計「フィフティーシックス・コンプリートカレンダー」自動巻き、18KPG、40mmケース、アリゲーターストラップ354万円／ヴァシュロン・コンスタンタン、2ルームのブリーフバッグ6万8000円／ペッレ モルビダ（ペッレ モルビダ銀座）、スーツケース　私物／リモワ

THEME 2

SUITS
&
JACKET

13 /105

Item:
SUITS

Brand:
ERMENEGILDO ZEGNA

成功者が着るべき、究極のグレースーツ

ファッションディレクターという職業柄、日本を代表する企業の社長や医師、弁護士、大学教授などのパーソナルスタイリングを頼まれることがあるんですが……。そんないわばトップの方々に実際に選ばれているのが世界を代表するイタリアブランド、エルメネジルド ゼニアのスーツです。聞けば、皆さん口を揃えて言うのが、「ゼニアを着ていると、とにかく良いスーツを着ているように見えるんです。軽いし、着心地が良い。やっぱり生地と仕立て映えが違うんですかね。仕事柄、派手に見せたくないので地味なグレーやネイビーを選ぶんですが、ゼニアには独特の艶があるんです」と。いろいろなモデルがあるのですが、その大半の方々が着られているのが「ミラノ」というモデル。それも皆さん、ほとんどといっていいほどMTM（メイドトゥメジャー）です。上着は、2ボタンでサイドベンツ、肩には薄くパッドが入り、自信に満ちあふれた男性に見えつつも着心地が柔らかいのが特徴。パンツは、フロント部分にダーツが入り、すっきり細身に見えつつも穿きやすく出来ています。実際に着てみてわかったんですが、成功者を納得させるだけの魅力がやっぱりあるんですよね。僕のお気に入りは、写真のミディアムグレーでトロフェオという生地のものです。

(BRAND STORY)

1910年にエルメネジルド・ゼニアによって創立。生地メーカーとして興った歴史を背景に持つイタリア最高峰のファッションブランド。その生地は、世界中のテーラーたちが垂涎の眼差しを向けることでも知られている。

スーツ「ミラノ」32万9000円〜（オーダー価格）／エルメネジルド ゼニア（ゼニア カスタマーサービス）

THEME 2_SUITS & JACKET

14 /105

Item:
SUITS

Brand:
RALPH LAUREN PURPLE LABEL

モダンジェントルマンのための、究極のグレースーツ

ラルフ ローレンは、昔から大好きなブランドなんですが、最高峰のパープル レーベルを手にしたのはつい最近のこと。というのも価格的なハードルの高さと、肩パッドが入った構築的なショルダーが、なで肩の自分には合わないだろうという先入観があったからです。イタリアのハイエンドな工場で、熟練の職人の手で仕立てられた究極のトラッドスタイルであるのはわかっていたものの、先入観からチャレンジする機会に恵まれず……。ラルフ ローレンのスタッフ600人のスタイリングを審査するという貴重なイベントをきっかけに、ようやくスーツを購入したのです。初のパープル レーベルということもあり、できるだけベーシックなモデルを選びました。大好きなグレー無地で素材は上質なウール。ジャケットは細身のラペルで2ボタン、スラックスはノープリーツのサイドアジャスター付き。袖を通してみると想像以上にアームホールが小さく、既製品なのにオーダーしたようなフィット感。これには驚きました。アメリカントラッドのスーツというよりは、イタリアの着心地に英国的要素がちりばめられたモダンジェントルマンのためのスーツだったのです。『007』のジェームズ・ボンドが着ていそうというか……。着てみることの大切さを改めて痛感したのでした。

(BRAND STORY)

1967年ニューヨークにて創業。ポロプレイヤーのロゴでもおなじみ。伝統的な英国のスタイルをベースにアメリカンテイストを加えていることが特徴。中でもパープル レーベルは富裕層向けの最高級コレクション。

スーツ私物／ラルフ ローレン パープル レーベル（ラルフ ローレン）

15 /105

Item: SUITS | Brand: **PECORA GINZA**

イタリア伝統の技が凝縮された、究極のオーダースーツ

このスーツは20年前、『LEON』編集部時代に銀座でスーツを仕立てるという企画で誂えたものです。当時はマリオ・ペコラの名前も知らずにお店に行ったのですから、今思い返すとその無鉄砲ぶりに恥ずかしくなります。生地はカノニコのウールのフレスコ織り。色はグレー、段返り3ボタンでフラップ無しの両玉縁ポケット。完成品を試着して驚いたのが、圧倒的なフィット感と肩・胸・背中に吸い付くような着心地と動きやすさ。そしてテーラー、佐藤英明さんの丁寧な作り。これがイタリアのサルトリアの技かと感動しきりでした。それなりの値段はしましたが本当にオーダーして良かったと思える一着ですね。体型さえ変わらなければ、良いスーツは20年間も着続けることができるのです。

(BRAND STORY)

2000年銀座にて創業。オーナーの佐藤英明さんはミラノの老舗サルトリアであるマリオ・ペコラでの修業を経て銀座にサロンを設立。イタリア伝統の美しくて動きやすい服を作り続けている。

オーダースーツ38万円〜／ペコラ銀座

16/105

Item: **SUITS**　　Brand: **B.R.SHOP**

毎日着ても飽きない、究極のグレースーツ

YouTubeの人気番組『B.R.CHANNEL Fashion College』の講師を務めて４年になるんですが、番組を始めた当初にオーダーして作ったのがこのスーツです。生地は、大好きなグレー無地で、素材はイタリアの老舗ドラッパーズのファイブスターズ。体型を格好良くみせるために徹底的に研究されたオリジナルモデルをベースに干場流にアレンジを加えてもらいました。上着の肩幅は若干広く、着丈は短く。スラックスは、アウトに２プリーツを入れて腰回りにゆとりをもたせ、そこから17cm幅の裾に向かって細くなっていくシルエットにしてもらいました。あまりの出来映えの良さから、グレー無地だけでも素材を変えて６着ぐらい作ってもらいました。これぞ干場グレースーツの定番です。

(BRAND STORY)

明治神宮前で20年続くセレクトショップ。最近は自社サイトの「B.R.ONLINE」や登録者数が12万人を越えたYouTubeの人気番組『B.R.CHANNEL Fashion College』でもおなじみ。

オーダースーツ「干場モデル」私物／ビー・アール・ショップ

17 /105

Item: **SUITS** | Brand: **GIORGIO ARMANI**

イタリアンエレガンスを堪能できる
究極のブラックスーツ

MEN

WOMEN

20世紀のファッション界において、もっとも大きな影響を及ぼした偉大なデザイナーの一人といえばジョルジオ・アルマーニです。アルマーニが行った革命のひとつが、クラシック一辺倒だったスーツの構造に手を入れたこと。芯地などの副資材を極力省略し、艶やかで贅沢な素材を使ってスーツに柔らかさと色気を与えたのです。僕にとってアルマーニは常に雲の上の憧れの存在でした。18歳の頃から憧れていたのですが、いつか似合うような大人になるまで購入を我慢しようと決めていたほど。そして40歳を超え、そろそろ解禁してもいい頃かと思い、初めてオーダーしたのがこのスーツです。これはニューヨークのマンハッタンにあるソーホー地区からインスパイアされたモデル。コンパクトでありながらも男らしい色気を感じさせてくれます。色はアルマーニらしい濃いネイビーブルー。といっても、見た目は黒にしか見えません。ピークドラペルの2ボタンで、パッと見はスリムに見えても、計算された着心地は、驚くほど快適。レディスのアイテムも、どれも美しくため息がでるほど。アルマーニのスーツが、成功者や世界中のセレブリティたちから支持される理由を、着て初めて知ることができたのです。

(BRAND STORY)

1975年にイタリアにてジョルジオ・アルマーニが創業。ファッションだけでなく、化粧品、家具、高級レストラン、ホテルなど、多彩な事業を展開。シンプルで美しく、官能的な世界観は世界中のセレブリティたちから愛されている。

男性用スーツ私物、女性用のジャケット34万円、ワンピース参考商品／すべてジョルジオ アルマーニ（ジョルジオ アルマーニ ジャパン）

18 /104

Item:
SUITS

Brand:
NEIL BARRETT

テクノストレッチを駆使した、究極のトラベルスーツ

見た目がレザーシューズなのにスニーカーみたいにラク。身長が５cmアップしてスタイルもよく見える靴を作りたい。シューズデザイナーの坪内浩さんと意気投合し作り上げた靴がご存知、WHなんですが……。いざ作ってみたらその靴にハマる服がない。そんな時に思い出したのがニール バレットです。お店を覗いてみたら何度となく思い描いていたスーツがあるじゃないですか！そうそう、こんなモダンなスーツを探していたのです。正確には、上下別々で買えるセットアップなんですが、これが国内外の出張に使えて本当に便利なんです。なんといってもこのテクノストレッチという素材が最高で。シワになりづらいし、伸縮性があるから着ていて楽だし、生地もしっかりしていて復元力も高いから、クリースは綺麗に入るし、膝も抜けにくい。Ｔシャツを合わせて遊びでも着られるし、今の時代なら白シャツに黒タイを合わせてビジネスや冠婚葬祭でもイケるという汎用性の高さも魅力。スーツとしても着ていますが、単品でも組み合わせられるから、もう手放せません。黒のセットアップだけで２着。タキシードで１着。ネイビーも１着。本当は黒のパンツをもう１本欲しいんです（笑）。トラベルスーツをお探しの方、超オススメですよ！

(BRAND STORY)

ニール・バレットがプラダのメンズデザイナーを経て、1999年にイタリアで創業した自身のブランド。細身のカッティングや新素材を巧みに取り入れたモダンなウエアを作り続けている。

ジャケット13万9000円、パンツ６万5000円／ともにニール バレット（ニール バレット ギンザシックス）

19 /105

Item:
JACKET

Brand:
KITON

圧倒的なクオリティを誇る、究極素材のジャケット

高級素材の中でも選りすぐりを使用し、世界で最も美しい服作りを掲げるキートンは、いつか必ず手にしたいと思っていました。試しに連絡してみたら、本国から職人が来日してオーダー会を開催するとの情報をゲット。そうなると、やっぱりナポリの伝統技術を味わいたくなるじゃないですか。しかもエクスクルーシブのファブリックによる最高級コレクションだというし。そこで初めて購入したのが、写真の白とネイビーのヘリンボーン織りのジャケットです。これはかなり奮発しました。最高級素材として知られるビキューナ100%なんですが、非常に繊維が細くて柔らかく、生産量も少量で、加工生産が許可されている企業もごくごくわずか。国際希少野生動物に指定されているほど本当に数少ないラグジュアリーな素材なのです。それゆえ、ヘリンボーン生地とはいっても英国調のカントリーのような雰囲気ではなく、イタリアらしい色気のある仕上がりになっています。出来上がった一着は、袖を通した瞬間に圧倒的な軽さと、キートン特有の美しいドレープで度肝を抜かれました。女性のジャケットも本当に美しいので、ぜひ最高の一着を試していただきたいですね。

(BRAND STORY)

1969年イタリアのナポリで創業。羽織るという表現がふさわしい軽い着心地や高級素材であるビキューナ、カシミヤ、シルク、リネンなどをふんだんに使用したエレガントなコレクションで世界を魅了し続けている。

男性用ジャケット 私物、女性用ジャケット35万円／ともにキートン、パンツ 私物

MEN

WOMEN

20 /105

Item:
JACKET

Brand:
BELVEST

フォーマルな場で着たい、究極のベルベットジャケット

このベルベット素材の黒のジャケットは、15年ほど前にベルヴェストのパターンオーダーで誂えたもの。この頃からパーティに出席する機会が多くなり、フォーマルな格好をすることが増えていたんです。でも、ガチガチのタキシードとまではいかない時って、意外と着るものが難しくて。ダークスーツも続くと飽きてくるし……。それでちょっとヒネリを利かせて、このベルベットジャケットに行き着いたわけです。1990年代半ばから2000年代初めといえば、トム・フォードがクリエイティブディレクターとしてグッチを大躍進させていた時代。これはあの頃のグッチのテイストを、僕なりに解釈してオーダーした一着です。だから、クラシコの王道の段返り3ボタンではなくて、モダンでちょっぴり色気のある2ボタンにしました。ベルヴェストは、よくマシンメイドの最高峰ブランドといわれますが、本当にすごく美しい仕立てで、着てみるとスマートに見えるんですよね。さすがは数々の有名メゾンのOEMを手がけていただけあります。これを手に入れてからは、黒のタートルや黒のパンツ、足元は黒のサイドゴアブーツやエナメルシューズという、オールブラックでも素材で変化をつけたスタイルでパーティに行くことが増えたんです。

(BRAND STORY)

1964年イタリアのパドヴァにて創業。クラシコ・イタリア協会員でも異色の販売エージェント出身の経歴をもつアルド・ニコレットが設立。モードのエッセンスを持ち合わせたイタリア最高峰のスーツブランドとして知られている。

ベルベットジャケット 私物／ベルヴェスト（八木通商）

THEME 2_SUITS & JACKET

ブレスレット、バッグ／ジョル
ジオ アルマーニ、パンプス／
マノロ ブラニク、ワンピース、
すべて私物

THEME 3

ONE-PIECE

21 /105

Item:
ONE-PIECE

Brand:
JIL SANDER

クラフツマンシップが紡ぎ出す、究極のニットワンピース

年齢も体型も問わず、女性を最高に美しく見せてくれるアイテムといえばワンピースです。さらりと一枚着るだけで、仕草まで女性らしく見せてくれる女度アップの最強アイテム。中でも、リトルブラックドレスともいわれる黒のワンピースは、誰もが一枚は持つべき女性には欠かせないアイテムです。写真のものは、上質な素材を使い、シンプルなデザインとカッティングに定評があるミニマリズムの代表、ジル サンダーのもの。キモは、なんといっても、女性のボディラインを美しく見せるカッティングと落ち感があるニット素材。スキッパーの開き加減が、女性のデコルテ部分を実に美しく見せてくれます。ニット素材とはいえ、少し緩みを持たせているので、身体のシルエットを極端に拾うこともないのでご安心を。これなら誰が着ても似合うはず。ハイヒールが似合うのはもちろんですし、合わせる小物によってフォーマルな場でも着られそうですが……。真っ白なスニーカーなんかと合わせて大人のカジュアルとして着ても素敵ですね。シワにもなりづらいので、スーツケースの中に入れて、旅や出張に持って行くのもいいですね。黒のワンピースは、シンプルなだけに、着ている人の中身や本質も問われてしまうもの。知的さや品格、女らしさなどを備えて、サラッとデートに着て来られたら、それこそ気絶しそうですね（笑）。

(BRAND STORY)

1968年にジル・サンダーが創立。1973年ドイツのハンブルクでファーストコレクションを発表。 1994年に拠点をイタリアのミラノに移す。ミニマリズムにストリートのエッセンスを加えたハイエンド・ラグジュアリーブランドとして確立している。

ニットワンピース13万3000円／ジル サンダー（ジルサンダージャパン）

22 /105

Item: ONE-PIECE | Brand: AKRIS

ビジネスに最適の
究極の正統派ワンピース

以前、銀座の和光でアクリスのトークイベントをやらせていただいたことがあります。参加者の女性たちは女性経営者が多かったんですが……。皆さん口を揃えて、「アクリスのワンピースは良い素材を使っていて、シンプルで美しいものが多いの。ビジネスにはもちろんアレンジ次第でパーティにも使えるからとても便利なのよね」と言っていたのが印象的でした。実用性の高い、でもエレガントに見えるストレッチの効いた素材、上品なVの開き加減、胸やヒップなど、女性のボディラインを立体的に美しく見せる8枚パネル……。このワンピースも、まさに着心地と汎用性、エレガンスを併せ持った美しい一枚です。こういう一枚で美しく見せてくれるワンピースこそ、女性にとっての必需品なんですよね。

(BRAND STORY)

1922年スイスのサンガレンにて創業。3代続く家族経営で、生地選びから縫製まで、品質に妥協しないクラフトマンシップで作られている正統派ブランドとして、世界のセレブリティを唸らせている。

ワンピース22万円／アクリス（アクリスジャパン）

23 /105　Item: ONE-PIECE　Brand: YOKO CHAN

カッティングの美しさが際立つ究極のシンプルワンピース

僕が女性のワンピースに求めるのは、膝ぐらいの長さで、シンプルで美しいカッティングのもの。色は黒、ネイビー、白などの定番色で、いずれも無地がベスト。なぜならこういうワンピースは、着る人を選ばないうえ、その女性自身をさらに素敵に見せてくれるからです。派手な色柄やデザイン、大袈裟なディテールは、どうも着る女性の中身をぼやかしてしまうんですよね。そういう意味でおすすめなのがヨーコ チャンのもの。シンプルで上質なワンピースが多く、本当に多くの女性たちから支持されていますよね。中でも、これはラップ式。前の重なりが美しい曲線を描くので、動いた時に女性らしく見えるんです。気になるお腹回りもタックの効果で目立たないのがキモ。素敵に見えてしかも楽なんて、いいことづくしです。

(BRAND STORY)
2019年にブランド創立10周年を迎えた。台湾人の父と日本人の母を持つYOKO CHANがクリエイティブディレクター。シンプルだからこそ求められるカッティングの美しさと究極の着心地に定評あり。

ワンピース5万円／ヨーコ チャン

シャツ1万8000円／インダスタイル トウキョウ（丸和繊維工業）、パンツ私物／ブルネロ クチネリ、腕時計「フィフティーシックス・コンプリートカレンダー」。自動巻き、18KPG、40mmケース、アリゲーターストラップ354万円／ヴァシュロン・コンスタンタン、ネックレス19万6000円／ダミアーニ（ダミアーニ・銀座タワー）

THEME 4

KNIT
&
SHIRTS

24 /105

Item:
KNIT

Brand:
ZANONE

流行とは一線を画す、究極のベーシックニット

シンプルで美しいデザイン、厳選された上質な素材のニットやカットソーを作ることで、長年大ファンなのがこのザノーネ。1986年創業時より、変わらない徹底したクオリティコントロールやセンスは、インコテックスを擁するスローウエアグループに参画する同社ならでは。アイスコットンやカシミヤシェードなど、独自で開発した糸を使ったハイクオリティなニットで有名なんですが、中でも人気なのが、写真の「CHIOTO（キョート）」というボタンカーディガン。毛羽立ちが少なく滑らかさのある5ゲージのヴァージンウールやカシミヤを使用していて、高い保温性と伸縮性を実現しているのが特徴です。スリムに見えるよう設定されたボディやスリーブの幅、ほどよく短めの着丈など、バランスも秀逸で、誰が着てもスタイリッシュに見えるのがキモ。また、襟の立ち具合や高さも絶妙で、着ると小顔効果もあるんです。アウターとしてはもちろんですが、ダウンベストと重ね着したり、冬になればインナーとして、ジャケットやコートを上に羽織ることもできるので本当に便利。だから毎年爆売れしてしまうのも納得なんですよね。もちろん、素材違いで女性用もあります。寒暖の差が激しい機内なんかにTシャツの上に着ていくと、着脱も便利だからとっても重宝します。こういうベーシックなアイテムこそ、永久定番といえるんでしょうね。

> **BRAND STORY**
>
> 1986年イタリアで創業したニットブランド。テクノロジーとクオリティ、それにトラディションを掛け合わせ、流行に左右されないデザインと、完璧な着心地を追求。厳選された糸と生産工程の秘訣で世界中のニット製品の標準とされている。

男性用カシミヤカーディガン13万5000円、女性用ウールカーディガン5万1000円／ともにザノーネ（スローウエアジャパン）

THEME 4_**KNIT & SHIRTS**

25 /105

Item:
KNIT

Brand:
CRUCIANI

上質な素材で美しい
究極にシンプルなハイゲージニット

イタリアの高級ニットブランドの代名詞といえばクルチアーニ。上質な素材を使った、シンプルでベーシックなデザインのハイゲージニットは、良いものを知り尽くしたファッション業界の人たちに愛用者が多いことでも知られています。中でも、僕が長年愛用しているのが通称「シルカシ」といわれる、シルク30％、カシミヤ70％の配合率のハイゲージニット。肌触りが柔らかく本当に最高です。カシミヤだけでももちろん最高の着心地なんですが、シルクが入ることで素材としての強度が増し、長持ちもするのです。薄手ながらも保温性と吸湿性に優れているので、真夏を除けば3シーズン着られるのも大きなポイント。ほどよい光沢があるから、ジャケットやスーツのインナーとして使うと、装いに上品さが出るのもおすすめのポイントです。アームホールはやや小さめですが、動きやすさを保ちながらダブついて見えないシルエットに仕上げているのも特徴のひとつ。ちなみに僕の場合は、写真のクルーネック、タートルネック、ポロの他、カーディガンを加えた4種類を、黒とネイビーで愛用しています。レディスのニットも本当に素敵なものが多いので、知的な大人の女性に着ていただきたいですね。特に、肩掛けで着られるアンサンブルのニットカーディガン。これは、僕が提唱するエロサバ女性の鉄板モテアイテムです！

(BRAND STORY)

1992年イタリアのペルージャで創業し、モダンで洗練されたニットコレクションで知られるのがクルチアーニ。カシミヤなど最高級素材を使用したニットが世界的に有名。

男性用クルーネックニット9万4000円、タートルネックニット9万8000円、ポロニット 私物　女性用カーディガン9万8000円、タートルネックニット6万9000円（2019年秋冬末展開カラー）／すべてクルチアーニ

MEN

WOMEN

26 /105

Item: **KNIT**　Brand: **TRADUIRE**

世界に3台しかない特注編み機で作る、究極のハイゲージニット

冬でも室内に入れば暖かい場所が増えたからでしょうか。最近、本当に着なくなってしまったのが、太い糸で編まれた厚手のローゲージニットです。その代わりに着ることが増えたのがハイゲージニット。中でもお気に入りはトラデュイールのものです。素材は、梳毛（そもう）引きでは世界一といわれるイタリアのゼニア・バルファー社のメリノウール。かつてストッキングを編んでいた世界に3台しかないニット専用の編み機で編まれているんです。Super換算だと140'sというカシミヤに近い極細の原料を使用しているから驚きでしょ！45ゲージで透けて見えるほど薄いから、Tシャツみたいな感覚で着られるんですよね。薄手で軽いから出張にももってこい。黒とネイビーのクルーネックは、本当にヘビロテしてます。

(BRAND STORY)

"日常に上質を纏う"をテーマに、素材、デザイン、パターン、縫製にこだわった大人の日常に馴染む洗練されたブランド。某ラグジュアリーブランドのニットも手掛けるほどの名門ファクトリーで生産。

ニット各5万3000円／ともにトラデュイール（阪急メンズ大阪 3rdSTYLE）

27 /105

Item: KNIT | Brand: **JOHN SMEDLEY**

WOMEN

色違いで揃えたい、究極の定番ニット

スーツにしても、靴にしても、英国が世に広めたものは、普遍的で何年も着られて、本当に良いものが多いんですよね。定番として名高いジョン スメドレーのニットも、まさにイギリスが生んだ名品。コットンの王様として知られるシーアイランドコットン（海島綿）のポロシャツやハイゲージのウールニットは、昔から本当によく着てきました。中でも大人の女性に着てほしいのがニットのアンサンブル。海島綿の素材がとにかく気持ち良いんです。汗などの湿気をより多く吸い込むことから、最高級の肌着のような肌触りといわれているのがキモ。飽きのこない普遍的なデザインだから何年も愛用することができます。黒、グレー、白など基本色でも絶妙な色合いなので揃えておくと便利。着るだけで内面から品格を感じさせてくれます。

(BRAND STORY)

1784年イギリスにて創業。230年にわたるクラフトマン精神を持つ、世界最古のニット製造工場。現在もスメドレー家によって経営され、手作業の技術を継承しつつ、更なる革新を続けている。

女性用クルーネックニット２万4000円、カーディガン３万2000円／とぅにジョン スメドレー（リーミルズエージェンシー）

28 /105

Item:
SHIRTS

Brand:
INDUSTYLE TOKYO

有名デザイナーも唸った、究極の着心地のシャツ

僕が出張時に必ず持って行くのがインダスタイル トウキョウのシャツです。キモは、とにかく着ていて楽なこと。人間の皮膚こそ最高のストレッチ構造という考え方から、立体裁断を進化させた動体裁断と動体縫製で作られています。動体裁断とは、機能系被服デザイナーの中澤愈先生が人間の皮膚を解剖学的に研究して開発した理論。前から見るとセットイン、後ろがラグラン。スプリットショルダーという独自の肩付けが特徴です。だから肩をぐるぐる回せてしまうほど楽なんです。一般的なシャツの型紙が背筋を伸ばした姿勢をもとに作られるのに対し、このシャツはお母さんのお腹の中にいる赤ちゃんの姿勢をもとに製作。関節を曲げた状態が基本だから、身体の動きを邪魔せず、肩や首にも負担がかからないということから、オリンピック選手のユニホームなどにも採用されています。さらに世界的なデザイナーの山本耀司さんが絶賛して別注をしたり、宇宙航空研究開発機構（JAXA）の宇宙飛行士の作業服にもなったほど。そもそもこのシャツは、伸縮しやすいニット生地を使用。通常の３倍もの細い糸を編み込み、きめ細やかな風合いでストレスフリーな肌触りを実現しているんです。さらに写真のシャツは、ドレスらしい顔つきにアレンジした干場別注バージョン。空気のような着心地、ぜひ体感してみてください。衝撃受けますよ！

(BRAND STORY)

1956年に創業した東京都墨田区にあるシャツ工場、丸和繊維工業が手がけるニットシャツ専門ブランド。進化し続けるニットでの動体裁断の技術はオリンピック選手や宇宙飛行士をも唸らせている。

シャツ各１万8000円／ともにインダスタイル トウキョウ（丸和繊維工業）

THEME 4_**KNIT & SHIRTS**

29 /105

Item: SHIRTS | Brand: **THE SUIT COMPANY**

高ストレッチ・形態安定を備えた、究極の機能コスパシャツ

『FORZA STYLE』の企画で「＃挑戦者のスーツ」を別注した際に一緒に開発したのがこのシャツです。職業柄スーツを着ることが多いのですが、ビジネスマンにとって本当に使えるシャツを見つけるのは至難のワザ。ということで、できる限りこうあったらいいのに！という理想を盛り込んで製作しました。キモは着心地と手入れのしやすさ、そしてコスパ。繊維構造がらせん状なのでストレッチ性が高く、タイトなシルエットでも優れたフィット感があるのです。形態安定だから軽くアイロンを掛けるだけで綺麗に見えるのも嬉しいポイント。7cm幅のネクタイをしても、ボタンを開けて着た時も、襟の開きが美しく見えるように第2ボタンの位置も調節。白と水色だけで20枚買いました。だって5800円ですよ！

(BRAND STORY)

ファッション性、品質に妥協することなく、フェアな価格であることをコンセプトとしたブランド。自分の目で確かめ袖を通して納得して選んでもらいたい「最もリアルなスーツ」作りを目指している。

シャツ5800円／ザ・スーツカンパニー（ザ・スーツカンパニー銀座本店）

30 /105

Item: SHIRTS | Brand: ARCODIO

出張に持ってこい！ 究極のジャージーシャツ

シャツは下着で消耗品です。だから5万円もする高級シャツを1枚買うより、コスパの良いシャツを10枚買って白いまま着るのが僕の考え方。そんな「エコラグ」という僕の哲学にピッタリで、クオリティの高いシャツを作っているのがアルコディオ。中でもジャージーシャツは本当に凄い。白蝶貝の3mm厚ボタン、袖の後付け、ハンドステッチなど、イタリア人ディレクターが徹底的にこだわり抜いたパターンの良さや細部の作り込みはもちろん、特筆すべきは素材。コットン91％、ポリウレタン9％の120番手双糸で、信じられないぐらい伸びて、回復性にも優れているんです。だからだらしなく見えません。洗濯後のアイロンがけが不要なほどシワがよりにくいのもキモ。着た瞬間にあまりに着心地が良かったのと、襟元の美しさで即5枚追加オーダーしたほど。

BRAND STORY

「最高の素材と作りをどこよりもお求めやすい価格で！」という想いで立ち上がった白シャツに特化したEC専用のコスパブランド。定番生地は140番手双糸ブロード。

スムースジャージーシャツ6500円／アルコディオ

31 /105

Item: SHIRTS | Brand: **MARIA SANTANGELO**

夏の大人の男性をセクシーに見せる、究極の麻シャツ

夏に大人の男性を素敵に見せてくれるといえば麻のシャツ。中でも気に入っているのがマリア・サンタンジェロ。小襟のセミワイドスプレッドで胸のポケットなし。サイズは若干大きめのものを選んで着ています。麻は伸びないので、ピタピタに着てしまうとすぐにシワになるので、若干大きめを選ぶようにすると風をはらむんです。色は白や水色なら爽やかに。ネイビーや黒ならセクシーに見えます。着ていくうちに自然に着ジワがよっていくのがなんとも風情があっていいんです。着こなしは、胸のボタンを2つ開け、袖口のボタンも開けて腕まくり。男のたくましい二の腕や胸元をさりげなくアピールするわけです。大人の男性の色気は、女性にはない男らしさとたくましさにあるんですよね。

(BRAND STORY)

1953年ナポリにて創業。職人30人ほどの工房で、代々受け継がれる伝統的な仕立てと高い縫製技術で一枚一枚丁寧に作られている。美しい襟やカフの曲線が特徴。

シャツ 私物／マリア・サンタンジェロ（ビー・アール・ショップ）

32 /105

Item: **T-SHIRT** | Brand: **+CLOTHET**

MEN　　　　WOMEN

自分が着たいと思える、究極の無地Tシャツを作りました

この10年、GAPの3000円のストレッチTシャツの白と黒を買っては5cm裾を短くして着てきました。お直し代が2000円だから結果5000円。だったら、理想の一枚を作った方が良いんじゃないかと思って作ったのがこのTシャツです。最高峰の超長綿の中でも初摘みの綿だけが名乗れる「スピンプラチナム」を使用することで、シルクのような光沢としっとりとした手触りになり、洗濯機で洗ってもヘタレないのがキモ。首の空き加減や袖の長さ、胴回りなど何度も修正しバランスにこだわり、袖を後付けで前振りにしたので腕も動かしやすいんです。レギュラーとビッグシルエットを作り、2日間で1000枚というヒットに！　大人のTシャツは、体型にあった白と黒の無地があれば十分です。

(BRAND STORY)

世界中の素晴らしい生地をあなたのクローゼットに届けたいという想いから、原材料の調達から生地の開発、そしてプロダクトの製造まで一貫して行う新進気鋭のブランド。

Tシャツ各7000円／ともにクロスクローゼット

ライダースジャケット23万円、リング18KWG 45万円、クロコダイルブレスレット18KWG 75万円／すべてフィクサー（アルト エ デリット）、パンツ私物／マインデニム、シューズ私物、サングラス私物／モスコット

THEME 5

BOTTOMS

33 /105

Item: **DENIM** Brand: **DSQUARED2**

MEN　　　　　　　　　　　**MEN**

腹斜筋を自然にアピれる、究極の腰穿きデニム

王道のデニムの魅力っていうのも、もちろんあるんですが、時に古く見えたりすることも……。髪型と同じで、デニムは時代性が如実に出てしまうものなんですよね。そんな中でお気に入りなのがディースクエアードのデニム。長年、ミラコレで発表しているから"旬の感覚"をデニムに落とし込むのがとても上手なのです。お気に入りはこの2本。どちらも定番で、腰回りにゆとりがあって裾に向かって細くなっていくテーパードスリムのシルエットです。色落ちや加工にもとてもこだわって作られているんですが、キモは腰穿きすると脚が短く見えること。でも、この脚が短く見える胴長バランスが逆にカッコイイというのがディースクエアードの真骨頂。いざ上半身裸になったとき、腹斜筋も自然にアピれます（笑）。

(BRAND STORY)

1994年に双子の兄弟ディーン&ダンによって設立されたデザイナーズブランド。カナダのエッセンスとイタリアのテーラリング技術と遊び心の組み合わせでマドンナをはじめセレブリティからの人気も高い。

（左）ブルーデニム「タイディバイカー」私物（右）ブラックデニム「スケーター」7万3000円（私物2019年春夏入手）／ディースクエアード（ディースクエアード 東京）

34 /105

Item: DENIM | Brand: **MINEDENIM**

MEN

スタイリスト野口強さんが手掛ける、究極のデニム

編集者歴26年なんで、いろんな雑誌をやってきたんですが、その中でもいろいろな雑誌でお仕事をご一緒させていただき、その都度、男の格好良さを教えていただいた方がいます。それがスタイリストの野口強さんです。見た目の格好良さはもちろんですが、中身もめちゃくちゃセンスがいいんですよね。インタビューした中でも今でも印象に残っている言葉が、「盛ってる男は格好悪い。男は引き算」。そんな野口さんの引き算の哲学が詰まったデニムがこのマインデニムです。中でもお気に入りは、ブラックのカットオフデニム。色落ちも良いしシルエットも最高だし、穿き心地も抜群。しかもどこか不良っぽい。シンプルにTシャツ一枚で合わせても、存在感があるのが一番の魅力ですね。

> BRAND STORY

ヴィンテージやクラフトマンシップへのこだわり、違和感を削ぎ落とした美しいシルエットと最高の穿き心地を追求した、日本を代表するスタイリストの野口強さんが手掛けるブランド。外苑前にある旗艦店「MINED」にはフルオーダーサロンが併設。

カットオフデニム私物／マインデニム（マインド）

35 /105

Item:
DENIM

Brand:
RED CARD

MEN

WOMEN

リアルヴィンテージを彷彿とさせる、究極のジャパンデニム

レッドカードとの出合いは、エストネーション京都店のオープニング。「シンプルで上質なものを普通っぽく着ている男性は一番好感度が高いですよ。例えばこんなデニムにシンプルな黒のクルーネックのハイゲージニットとか……」と女性スタッフに言われ、思わずその場で購入したのが最初でした（笑）。中でもお気に入りは、代表モデルの「リズム」。やや浅めの股上で、脚長効果を計算したテーパードシルエット、そしてヴィンテージ感溢れる色落ち。職人の手作業で作られるリアルに穿き込んだような立体感のある仕上がりが最大のキモです。ストレッチ素材を採用しているから穿き心地も抜群。日本人特有の体型を研究しつくしたシルエットで美脚に見えるので、女性にもオススメです。

(BRAND STORY)

世界に誇るジャパンデニム最高峰のデニムファブリックやYKKスナップファスナーを使用し、made in Japanを追求しているブランド。リアルヴィンテージのように立体感を感じさせる加工が秀逸。

デニム男性用、女性用 各1万9000円／ともにレッドカード（ゲストリスト）

THEME 5. **BOTTOMS**

36 /105

Item: **PANTS**　　Brand: **THEORY LUXE**

WOMEN

脚をシュッと細長く見せてくれる、究極の美脚パンツ

女性の身体は男性よりも立体的です。ヒップやお腹、太腿など……、丸みのある部分や注意すべき部分がいろいろとあるから、パンツ選びが本当に難しいんですよね。そんな悩み多き女性たちから圧倒的な支持を得ているアイテムがセオリーリュクスのアンクルパンツです。キモはなんといっても美脚に見せてくれることと、着回ししやすいこと。膝下から足首に向かって細くなっていくスリムシルエットだから膝下をシュッと細長く見せてくれます。足首が見えるアンクル丈なので、抜け感が出せるのもポイント。素材は上質なウール。ストレッチの効いたスーツ地なので、オールシーズン着られて動きやすいのも魅力。ピンヒールでカッカツ歩いて、ぜひ男性を翻弄させて欲しいです（笑）。

> BRAND STORY
>
> 1997年にアメリカのニューヨークで創業したセオリーのリュクスレーベル。機能性の高い素材を使い、シンプルで美しいカッティングが特徴。洗練された女性に向けたコレクションを発表している。

女性用パンツ２万9000円／セオリーリュクス（リンク・セオリー・ジャパン）

37 /105

Item: **PANTS**　Brand: **INCOTEX**

MEN　　　　**WOMEN**

20年以上愛用している、究極のテーパードパンツ

インコテックスとの出合いは18歳の頃。BEAMS渋谷店でアルバイトしていた時代まで遡ります。それから何度買い替えながら穿いてきたことか……。中でもお気に入りが、ウール素材のミディアムグレー無地の「N35」。これは、名作「A30」を日本人の体型に合わせて仕様変更した「J35」の後継モデルにあたります。欧米人と比べると日本人はヒップが平坦なんですよね。そんな日本人向けに、ヒップラインを調整することで、ヒップからひざ裏、足首にかけての美しいテーパードシルエットを実現しています。穿くと、足が長く見えるのも大好きな理由。僕は、ライト、ミディアム、チャコールと、グレーの無地でも色の濃淡と素材を変えて所有しています。女性用も本当に美脚に見せてくれるのでおすすめです。

(BRAND STORY)

1951年にイタリアのヴェンツィアで創業した世界最高水準のパンツ専業ブランド。厳選素材を使用し、高度な裁断・縫製技術に定評あり。世界的ラグジュアリーブランドのOEMを手がけていたことでも有名。

男性用パンツ私物、女性用パンツ3万3000円／ともにインコテックス（スローウエアジャパン）

38 /105

Item: **PANTS** | Brand: **GERMANO**

MEN

MEN

メイド・イン・イタリーにこだわる、究極のパンツ専業ブランド

男性に欠かせないアイテムといえばグレーパンツ。ネイビージャケットはもちろん、ブラウンやベージュのジャケット、白シャツ、黒のニットと、なんでも似合う汎用性の高さが魅力なんですが……。群雄割拠するパンツブランドの中でも適度なトレンド感とコスパの良さから最近気に入っているのがジェルマーノです。写真の2プリーツでサイドアジャスター付きのグレーパンツは、春夏用のサマーウールで2本、秋冬用のフラノで2本も購入するほど（笑）。半世紀にもわたって培われてきたパンツ作りの技術と経験は、ヒップを包み込む独自の設計やアイロンワークによるクセとりなどに見られ、いまも有名メゾンやイタリアの伝統的なテーラーであるサルトのパンツを請け負う信頼性に繋がっています。裾幅16.5cmダブル幅5cmがマイルール。

> BRAND STORY

1952年にイタリアのナポリ近郊にて創業したパンツ専業ブランド。イタリア伝統のサルトリアーレの手法を継承しつつ、老舗でありながらトレンドにも精通。さまざまなラインナップを取り揃えている。

男性用パンツ私物／ともにジェルマーノ

39 /105

Item: SKIRT | Brand: BEIGE,

トレンドを感じつつ着回しやすい、究極のベーシックスカート

先にも述べた通り、男性に欠かせないアイテムといえばグレーのパンツです。では、その女性版が何かといえばグレーのスカート。スカートとひとくちに言ってもいろいろなタイプがありますが、着る人を選ばず、上品に見えて、着回し力の高さを考えるとオススメなのが、このベイジ,のスカートです。キモは、なんといっても美しいストレートのシルエットと、上品に見えるスカート丈、そしてスタイルがよく見えること。ハイウエストでベルトがアクセントになっているから、腰下が長く見えるんですね。さらに、ラップ風のデザインだから動きやすく、女性らしさも感じさせてくれます。生地端は熟練された技術者にしかできない高度な手まつりによって仕上げる「リバーシブル縫製」。裏地もないので軽い感覚で着られます。

(BRAND STORY)

2012年ブランドスタート。上質であり控えめであること、細部にこだわること、媚びないことなどをコンセプトとし、大人の女性のスタンダードを応援するジャパンウエアとして人気を博している。

スカート「CAVARO」3万4000円／ベイジ,(オンワード樫山 お客様相談室)

40 /105

Item: **SKIRT** Brand: **STELLA K**

今や幻となった、究極のタイトスカート

僕が提唱するエロサバな女性のキーアイテムといえば黒のタイトスカート。それもスリット入り。黒のノースリーブタートルに、黒のレザーライダース、そして足元は黒のハイヒール。僕が女性だったら絶対に穿くと思うんですよ。だって、このスタイルが嫌いな男性いないですもん。カツカツとハイヒールでオフィスに行って、落としたコピー用紙を拾う瞬間に内股がチラッ。もしくはタクシーに乗り込む瞬間に内股がチラッ。黒でストイックにキメているのに色気がダダ漏れなんて、まさにアメとムチ。妄想はさておきステラKのタイトスカートは、ストレッチが効いているうえに、どんなトップスとも相性がよくまさに万能。ぜひ似たようなスカートを探して、ピタッと張り付いたヒップや太腿でドキッとさせて欲しいですね。

(BRAND STORY)
テレビ通販番組QVCにてクルーズをコンセプトとしたブランド。今は亡きクルーズディレクターの保木久美子さんが手がけたもので、現在は残念ながら生産終了している。

タイトスカート 参考商品／ステラK

(男性)腕時計「タンク ルイ カルティエ」18KYGケース、アリゲーターストラップ104万4000円／カルティエ（カルティエ カスタマー サービスセンター）カシミヤカーディガン13万5000円／ザノーネ（スローウエアジャパン）、(女性)腕時計「タンク ルイ カルティエ」18KYGケース、アリゲーターストラップ92万4000円／カルティエ（カルティエ カスタマー サービスセンター）、ウールカーディガン5万1000円／ザノーネ（スローウエアジャパン）

THEME 6

WATCH

41 /105

Item:
WATCH

Brand:
VACHERON CONSTANTIN

260年間卓越した技術を継承する
世界最古の究極の腕時計

2018年、ヴァシュロン・コンスタンタンが新コレクションを立ち上げる時の世界のインターナショナルインフルエンサー7人の一人に任命されまして……。その時に出合ったのが「フィフティーシックス」です。スイスにある本社とアトリエで、260年続く時計作りを学ばせていただきました。ムーブメントの組み立てからエングレービング、エナメル加工や非公開の製造工程にまで踏み込んで見せていただいたのですが、一番驚いたのが約300からなるパーツをすべて磨き上げていることでした。芸術的な腕時計はこうして出来上がるんだと、ため息が出ましたね。

「フィフティーシックス」は名前の通り1956年の腕時計からインスパイアされていて現在全4モデル・10型あるんですが、僕が気に入ったのは18KPGのケースにムーンフェイズを搭載したコンプリートカレンダー。月の満ち欠けは、女性のバイオリズムと関係しているから、どこかロマンティックなんですよね。スーツの時はほとんどこればかり。「エレガントで良い腕時計ですね」と、いつも海外の方にも褒められます。女性がするなら「パトリモニー・オートマティック」かなぁ。シンプルで美しく、ベゼルにダイヤモンドが施されているから華やかなスタイルにも似合います。二人で一緒にヴァシュロン・コンスタンタンなんて素敵でしょ。夢ですね！

(BRAND STORY)

1755年、スイス・ジュネーヴにて創業。世界最古、世界三大時計ブランドと称される名実ともに最高峰の時計メゾン。260年以上も一度も途切れることなく、何世代にもわたる熟練の職人たちによって培われた卓越した技術を代々継承し続けている。

（左）男性用腕時計「フィフティーシックス・コンプリートカレンダー」自動巻き、18KPG、40mmケース、アリゲータストラップ＜ブラウン※ブラック別売＞354万円
（右）女性用腕時計「パトリモニー・オートマティック」自動巻き、18KPG×ダイヤモンド、36.5mmケース、アリゲーターストラップ384万円／ともにヴァシュロン・コンスタンタン

MEN

WOMEN

42 /105

Item:
WATCH

Brand:
PATEK PHILIPPE

シンプル美を追求した、究極の機械式腕時計

2010年に独立してから、試行錯誤しながらも自分のスタイルを確立してきました。今では僕のアイコンとなっている無地のグレースーツも、より上質な素材で仕立てたり、白シャツは自分に似合うものをまとめ買いしたり、黒のネクタイも7cm幅のウール素材でオーダーしたりして、言ってみれば鋭敏な刃物のように、常に研ぎ澄ますようにしてきました。毎日、着替えはするけれど、人からは常に同じ安定した印象で、最高の状態をキープするように心がけてきたのです。毎日が勝負下着ならぬ、勝負スタイル。そんなスタイルに似合う腕時計を探していた時に、45歳の誕生日に思い切って買ったのがパテック フィリップの「カラトラバ」です。僕が選んだのは1980年代に製造されたハンターケースの限定オフィサー。アラビア数字を斜体にした古典的なブレゲ数字にブレゲ針。開閉式の裏蓋を閉めるときに鳴るカチンという金属の音も、なんとも開閉しても音が変化しないように作られているんだそうです。手巻きなので、毎日針を巻く必要がありますが、究極に削ぎ落とされたシンプルを極めた意匠は、まさに自分のスタイルの哲学に通じる部分があるかなと……。女性用のカラトラバも控えめでいながら、とても美しい仕上がりです。シンプルなスタイルの時に、さらっとさり気なく着けていたら間違いなく恋しそうです（笑）。

> (BRAND STORY)
>
> 1839年スイスにて創業以来、「世界最高の時計を作る」という使命を一貫して追求し続ける世界最高峰のブランド。製造工程のすべてを自社で統合して生産を行うマニュファクチュールは、数々の時計製作の伝統と歴史変革をしてきた技術力を誇る。

（左）男性用腕時計「カラトラバ "オフィサー"」手巻き、18KYGハンターケース 私物
（右）女性用腕時計「カラトラバ 7200」自動巻き、18KRGケース 297万円／ともにパテック フィリップ（パテック フィリップ ジャパン・インフォメーションセンター）

MEN

WOMEN

43 /105

Item: **WATCH** | Brand: **AUDEMARS PIGUET**

起業時の初心が刻まれている
究極のラグジュアリースポーツウォッチ

1875年にスイスで創業されて以来、時計業界の歴史に革新とインパクトを与え続けている世界最高峰のマニファクチュール（時計工房）がオーデマ ピゲです。中でも、1972年に発表された「ロイヤル オーク」は、ラグジュアリースポーツウォッチというジャンルを確立した名作。機械式ムーブメントはもちろんですが、イギリス王立艦船の船窓に由来した正八角形のベゼルに加え、ストラップの各パーツをサテンとポリッシュで1点1点丁寧に磨き上げていることでも知られる完成度の高い一本です。スーツ以外のジャケットスタイルや、ジーンズにTシャツ、水着まで似合う汎用性の高さが魅力。写真の女性用のロイヤル オークは、フィレンツェ技法と呼ばれる古代の鍛金技術にそのルーツを遡る非常に美しい表面加工が特徴です。先端にダイヤモンドの付いた道具で仕上げることで細かな凸凹をつけ、まるでダイヤモンドダストのように輝きを放つのです。ちなみに僕が購入したのは37歳。それまで勤めていた出版社を辞め、自分の会社を立ち上げるときに記念になるものをと思って購入しました。僕と同い歳だったというのも運命を感じたんですよね。意を決した清水買いでしたが、初心忘るべからずといいますか、いつでも、独立時の大変だった気持ちに引き戻してくれる大切なタイムピースになっているんです。

(BRAND STORY)

1875年スイスにて、天才時計技師のジュール＝ルイ・オーデマとエドワール＝オーギュスト・ピゲが創業。世界でも最も薄い手巻き用ムーブメントやパーペチュアルカレンダー機能の開発に成功するなどして、世界三大時計ブランドとしての地位を確立している。

(左) 男性用腕時計「ロイヤル オーク」自動巻き、ステンレススティールケース 39mmケース私物 (右) 女性用腕時計「ロイヤル オーク・フロステッドゴールド」。自動巻き、18KWG 37mmケース 520万円／ともにオーデマ ピゲ（オーデマ ピゲ ジャパン）

MEN

WOMEN

44 /105

Item:
WATCH

Brand:
CARTIER

タイムレスな魅力を持ち続ける
究極のステイタス腕時計

男女問わず、基本的に腕時計は2本持ちというのが僕の考え方。1本はフォーマルスタイルに似合うドレスウォッチで、もう1本は普段のスタイルに似合うラグジュアリースポーツウォッチ。腕時計は、どんなブランドを選び、どんなスタイルが好きで、どんな思考性をしているかという人となりを表すものです。だからこそ、自分のスタイルに似合う腕時計を見つけるのは、とても大事なこと。カルティエは常に時計業界にイノベーションを起こし、時代を前進させてきたパイオニア的存在。エレガントでタイムレスな魅力があります。1917年の第一次世界大戦を終結に導いた初期の戦車にインスピレーションを得て誕生したレクタンギュラー型のタンクは、完成された美しいデザインで、世界中の著名人たちから愛されてきました。そんなタンクコレクションの中でも僕が好きなのは、ルイ・カルティエ自らが愛用したと言われている「タンク ルイ カルティエ」。ローマ数字、レイルウェイの分目盛り、フォルム、丸みを帯びたアタッチメントの角などのディテールは、後にアール・デコと呼ばれる様式の先駆けになったデザインです。タイムレスでスタイルを選ばないシンプルなデザインだから、仕事はもちろん、カジュアルなスタイルまで使え、長年愛用できること間違いなし。腕にしているだけで知性と品格を感じさせてくれます。

> **BRAND STORY**
>
> 1847年フランスにてルイ=フランソワ・カルティエがジュエラーとして創業。社交界に集まる上流貴族を中心に人気が広まり、王侯貴族から絶大な支持を受け世界に広がる。現在では、世界五大ジュエラーのひとつとして、腕時計を含む世界的な憧れのブランドに。

(左)男性用腕時計「タンク ルイ カルティエ」18KYGケース、アリゲーターストラップ104万4000円 (右)女性用時計「タンク ルイ カルティエ」18KYGケース、アリゲーターストラップ92万4000円／ともにカルティエ（カルティエ カスタマー サービスセンター）

THEME 6_WATCH

MEN

WOMEN

93

45/105

Item: WATCH | Brand: **A. LANGE & SÖHNE**

歴史を感じさせる
究極の複雑機械式腕時計

時計ブランドにもそれぞれ歴史がありますが、僕の中で特に歴史を感じるブランドといえばA.ランゲ&ゾーネです。ドイツの宮廷文化のもと、華やかな芸術性と技術力を背景に時計などが作られていたのですが、第二次世界大戦後、東ドイツ政府により国有化され、ブランドが一時休眠。事実上消滅してしまったのです。その後、1990年の東西ドイツの再統一によりブランド復興を果たしたことで発表されたのが「ランゲ1」です。二等辺三角形を形成するようにオフセンターに配置されたダイヤルは、重なり合う表示はひとつもなく最良の視認性を誇ります。そして特徴的なのは独自のアウトサイズデイトです。これぞ伝統工芸品。エシカルが囁かれる時代だからこそ、人間の手によって生み出される美しいモノ作りに惹かれるのです。

(BRAND STORY)

1845年フェルディナント・アドルフ・ランゲにより、ドイツ・ザクセンにて創業。高い芸術性と技術力の融合を尊ぶ宮廷文化を背景に優れた時計を次々に生み出す。ドイツ東西分裂期に一時休眠し、のちに復興を果たす。

男性用腕時計「ランゲ1」手巻き、18KPGケース 362万円/A.ランゲ&ゾーネ

THEME 6_WATCH

94

46 /105

Item: **WATCH**　　Brand: **ROGER DUBUIS**

他に類を見ないデザインの、究極の機械式腕時計

タイヤメーカーのピレリやスポーツカーメーカーのランボルギーニ・スクアドラ・コルセとのパートナーシップで世界的に大ブレイクしている高級時計ブランドといえばロジェ・デュブイです。キモは、他に類を見ない斬新なデザインでありながらジュネーブシールを取得していること。ちなみにジュネーブシールとは、スイス政府及びジュネーヴ州によって認定される最高級スイス時計の証として用いられる規格のことで、時計の職人にとっては世界最高峰の栄誉とまで語られています。取得しているブランドが、ヴァシュロン・コンスタンタンやパテック・フィリップと聞けば、その凄さがおわかりいただけるはず。こういう独創的なデザインで超高級な複雑機械式の腕時計こそ、シンプルでさり気ないスタイルでしたいんですよね。

> BRAND STORY

ロジェ・デュブイは、同名の時計師とデザイナーであるカルロス・ディアスによって1995年にスイスで創業されたブランド。超軽量のチタンなどの素材を使い、革新的なデザインで機械式の腕時計を製造している。

腕時計「エクスカリバー　ウラカン」自動巻き、チタンDLC（ダイヤモンドライクカーボン）チタンケース 880万円／ロジェ・デュブイ

47 /105

Item: **WATCH** | Brand: **BREITLING**

航空時計のパイオニアを走る、究極のクロノグラフ

以前、北京のイベントでブラッド・ピットに会ったことがあるんですが、ブライトリングの腕時計がめちゃくちゃ似合っていて……。骨太な男っぽい腕時計が昔から好きだったというのもあるんですが、あの瞬間に背中に電流が走りました（笑）。いろいろなモデルがありますがお気に入りなのがこの「クロノライナー」。1960年代に製作されていた計算尺をもたないAVIをルーツとするキャプテンのためのクロノグラフで、強靭で傷のつきにくいブラックセラミックベゼルを装備しているのが特徴です。パンダカラーで、視認性の高さも良いし、少しだけ赤が効いているのもキモ。ラバーストラップだから水着にも似合うし、軟派なカジュアルなスタイルをしていても、なぜか不思議と硬派に見えるというのもお気に入りのポイントです。

(BRAND STORY)

1884年スイス北西部ジュラ地方でレオン・ブライトリングが創業。のちにクロノグラフは評判を呼び数々の賞を受賞。マイルス・デイヴィスやフランスの名優イブ・モンタンなど数々のセレブリティも愛用。

腕時計「クロノライナー」自動巻き、100m防水、46mmケース私物／ブライトリング（ブライトリング・ジャパン）

48 /105

Item: WATCH | Brand: **PANERAI**

海軍用時計をルーツにする、究極の骨太ダイバー

パネライは、20年近く前に雑誌『LEON』の創刊の頃からずっと欲しかった時計でした。でも当時は買えるだけの余裕がなくて……。パネライが、フィレンツェのサンタ・マリア・デル・フィオーレ大聖堂、いわゆるドゥオモの大時計の修復をしているとの話を聞き、『FORZA STYLE』で取材させてもらうんだからと購入したのがこの「サブマーシブル」です。プロ用のダイバーズウォッチで、47mmの大型ボディに、バルクメタリックガラス素材、逆回転防止ベゼル、リューズプロテクターなど、マッチョなルックスがなんといってもキモ。水着の時にとにかく似合うんですよね(笑)。こういう買い物が、大好きなイタリアの文化遺産の保護活動に繋がっているというのは気持ちがいいですね。買い物した以上の満足感がありますから。

(BRAND STORY)

1860年にジョバンニ・パラネイがフィレンツェの地に設立。起源をたどるとレオナルド・ダ・ヴィンチやガリレオ・ガリレイなどの芸術家や学者が集まり、最先端の研究が進められたと言われている。イタリア海軍の特殊潜水部隊のための時計製造で有名。

腕時計「サブマーシブルBMG-TECH™」自動巻き、300m防水、47mmケース<ストラップ別売あり> 146万円/パネライ(オフィチーネ パネライ)

49 /105

Item: WATCH | Brand: **ROLEX**

絶対王者と言わしめる日常使いの、究極の腕時計

編集者になりたての20歳の頃。自分の中で、最初に手に入れた高級機械式の腕時計といえばロレックスの「サブマリーナー」です。当時でも高くてなかなか買えず、時計通の先輩編集者の方に、とんでもない破格で売ってもらった記憶があります。ロレックスの魅力は、なんといっても、何年も変わらない完成されたデザインで、とにかく丈夫なこと。その性能の高さから世界的にも圧倒的な人気を誇っていて、腕時計の市場はロレックスを中心に回っているといっても過言ではありません。そんな圧倒的地位の高さを象徴するロレックスの中でも、大人の男女におすすめしたいのはクラシックな「デイトジャスト」の2本。シンプルで飽きのこないデザインは、自分だけではなく、子や孫に受け継いでも愛される腕時計になりますよね。

(BRAND STORY)

1905年ロンドンにてハンス・ウイルスドルフが創立。今までに数々のモデルを創出し、高級時計の代名詞とまでいわれるほど有名なブランドに成長。今や誰もが一度は憧れて欲する腕時計界の王者に。

(左)腕時計「デイトジャスト 36」自動巻き、SSケース×WGベゼル78万6000円 (右)腕時計「デイトジャスト 31」自動巻き、SS×YGケース115万1000円／ともにロレックス（日本ロレックス）

50 /105

Item: **WATCH** Brand: **GRAND SEIKO, SEIKO**

世界とガチで勝負できる、究極の日本製の腕時計

取材で海外を頻繁に訪れるようになると、日本人としてのアイデンティティが問われることも多いのですが、そんな時に世界に誇れるのがセイコーの腕時計です。中でも、セイコーのラジオ番組をやっている頃から長年愛用しているのが、同社の最高峰ブランドに位置付けられる「グランドセイコー」のマスターショップ限定モデル。機械式とクオーツ式のメカニズムを融合して出来たスプリングドライブ、いわゆるハイブリッドの技術開発は、完成まで実に20年以上の歳月を要したもの。もう一方の「セイコー アストロン」も、全世界のタイムゾーンに対応し、簡単なボタン操作でGPS衛星電波から現在の正しい位置と時刻情報をキャッチするという、日本が世界に誇るべき腕時計です。まさにワールドクラスの日本製品ですよね。

(BRAND STORY)

前身の服部時計店を創業した1881年から、実に130年以上の時を経て数々の革新的なウォッチを世に送り出し、世界のSEIKOとして名を馳せている。

(左)腕時計「アストロン」 ソーラーGPS衛星電波修正、ワールドタイム機能 私物／セイコー （右）腕時計 SSケース、スプリングドライブクロノグラフ、クロコダイルストラップ 私物／グランドセイコー（ともにセイコーウオッチお客様相談室）

99

ラウンド＆エメラルドカット・バーセット・リング＜Pt×ダイヤ＞166万円〜　イヤスタッズ＜Pt×ダイヤ0.51/0.51ct＞177万円／ともにハリー・ウィンストン（ハリー・ウィンストン　クライアントインフォメーション）

THEME 7

JEWELRY

51 /105

Item: **JEWELRY** | Brand: **HARRY WINSTON**

別格という名がふさわしい
究極のダイヤモンドジュエリー

女性を最高に輝かせてみせるアイテムといえばジュエリー。中でも
ハリー・ウィンストンのダイヤモンドは別格の存在です。1932年
にニューヨークで創業以来、世界中から集めた最高級のダイヤモン
ドを取り扱い、「キング・オブ・ダイヤモンド」と称されています。
顧客には、マハラジャをはじめとする王侯貴族はもちろん、世界的
な映画スターなどが名前を連ね、あのマリリン・モンローも映画
『紳士は金髪がお好き』のなかで、「教えてハリー・ウィンストン！
私にダイヤモンドのすべてを」と歌うほど……。宝石に合わせてデ
ザインを決めるというのが信念で、その芸術の域にまで達する美し
いジュエリーの数々は、世界中の女性たちを魅了してきました。そ
んなハリー・ウィンストンのダイヤモンドジュエリーの中でも僕の
おすすめは、愛の誓いを永遠に印象付けるものとして存在するエタ
ニティリングと、横顔を美しく魅せてくれる一粒ピアス。美しくセ
ッティングされたダイヤモンドの輝きは華やかさを演出してくれ、
身に着けている女性にオーラのような輝きをもたらします。カジュ
アルなスタイルからフォーマルなスタイルにまで似合うのもおすす
めのポイント。愛する女性には、ダイヤモンドのように常に輝き続
けていて欲しいんですよね。

(BRAND STORY)

1932年宝石商のハリー・ウィンストンがニューヨークにて創業。ダイヤモンドをこよなく
愛し、類いまれなる審美眼をもった「キング・オブ・ダイヤモンド」と称され、最高級のジ
ュエリー製作と高級複雑時計を製造。多くのセレブリティを魅了している。

（左）ラウンド＆エメラルドカット・バーセット・リング＜Pt×ダイヤ＞166万円〜　（右）
イヤスタッズ＜Pt×ダイヤ0.51/0.51ct＞177万円／ともにハリー・ウィンストン（ハ
リー・ウィストン　クライアントインフォメーション）＊サイズとダイヤモンドの大きさに
より価格が異なります。

52 /105

Item: **JEWELRY** | Brand: **GRAFF**

希少価値の高い、究極のイエローダイヤモンド

通い始めて23年になるんですが、毎年1月と6月は必ずイタリア取材に行きます。今年はイタリアの後にイギリスにも行きました。取材の合間、ロンドンのファッションでもチェックしようとニュー・ボンドストリートを通りがかった時に見つけたのがダイヤモンドジュエラーとして名高いグラフのお店でした。東京のペニンシュラホテルに入っているので、格式の高さは知ってはいたものの、さすがに本場はとてつもない重厚感。お店に入るのに気が引けました。その時に案内してくれたコーディネーターが、「グラフには、とてつもないダイヤモンドがあるのを知っています？ つい最近も史上で2番目に大きな原石からカットしたダイヤモンドを発表したそうですよ」と話してくれました。後日調べたら、その原石はなんと1109カラット！ 製作したダイヤモンドは「ザ グラフ レセディ ラ ロナ」といって、302.37カラットもあるんだとか……。庶民の僕にはもう意味がわからない(笑)。それほどまでに希少価値の高い歴史的ダイヤモンドをグラフは扱えるということなんですよね。写真のイエローダイヤモンドのリングも、美し過ぎて見れば見るほど吸い込まれそうになります。石油王やルパン三世にはなれないですが、一度ぐらいはプレゼントして愛する女性を気絶させてみたいですね。

(BRAND STORY)

1960年イギリス・ロンドンにてローレンス・グラフが創業。「21世紀のキング オブ ダイヤモンド」として、現在のダイヤモンド業界を牽引。「グラフには究極のダイヤモンドがある」と噂が広まって世界中の富豪が集まり、確固たる地位を築いている。

リング「ザ グラフ プロミス」＜Pt×YG×イエローダイヤ×ホワイトダイヤ＞336万3637円／グラフ（グラフダイヤモンズジャパン）

53 /105

Item: JEWELRY | **Brand:** BVLGARI

神秘的なアイコンが伝統を守る、究極のジュエリー

地中海クルーズの出発点として訪れることが多い街、ローマ。映画『ローマの休日』でもおなじみのスペイン広場には、何度足を運んだかわかりません。かつてヨーロッパの中心といわれた美しい街並みは、歴史と芸術が折り重なり、非日常の空間を楽しませてくれます。その中でもひと際目を引くのがブルガリです。ローマに最初のお店を構えてから130年以上経ちますが、この長い年月、ブランドの卓越した技術やイタリアのラグジュアリーなイメージを変えることなく現在に継承しているのは本当に素晴らしいことですよね。そんなブルガリのアイコンといえば、古代ギリシャ・ローマ時代より「英知」や「永遠」のシンボルとして人々を魅了した蛇をモチーフにした「セルペンティ」。ここ数年は特にアイコンとしての美しい製品が多く、歴史をまた新たに感じさせてくれています。先日会った女性がこの腕時計をしていました。褐色の肌に、黒いワンピース、大きな黒い瞳……。ティアドロップ型のヘッドにパイソン柄を連想させるストラップがよく似合っていて、まさに絵に描いたイタリアンマダム。神秘的なモニカ・ベルッチのようで、危うく気絶しかけたんですよね。

(BRAND STORY)

1884年イタリア・ローマにてソティリオ・ブルガリが創業した高級宝飾品ブランド。蛇をモチーフとしたブランドアイコン「セルペンティ」で不動の地位を築く。現在はジュエリーだけでなく腕時計、香水、バッグなども手がけている。

(左)腕時計「セルペンティ　セドゥットーリ」＜PG×ダイヤ＞281万円　(右)ネックレス「セルペンティ」＜PG×ブルーサファイア×マラカイト×ダイヤ＞190万円／ともにブルガリ（ブルガリ　ジャパン）

54 /105

Item:
JEWELRY

Brand:
TIFFANY&CO.

僕のジュエリーの原点といえる、究極のブランド

あのティファニーブルーのボックスにどれだけ投資したんだろう（笑）。18歳の頃から買い続け、もっとも心躍らされるブランド、それが僕にとってのティファニーなのです。映画に感化され育ってきた僕でしたが、そのもととなったのが他でもない『ティファニーで朝食を』。その衝撃たるや……。観た後も、しばらく電流がビリビリ走っていましたから。ちょうどその頃は、日本における第一次ティファニーブーム。誰もかれもクリスマスには行列に並んででもオープンハートのネックレスを買おうとしていて、もちろん僕もその一人でした（笑）。出版界に入ってからは、ティファニーの凄さをさらに実感することになります。今にも渡すであろう、ティファニーブルーのボックスを後ろ手に持って並んで歩く二人。美しい愛の瞬間を切り撮ったモノクロの広告写真の数々は、雑誌を開くたびに夢の世界へと誘ってくれたのです。ファッションページを作る時に、いつも参考にしていました。常にジュエリー界の先頭を走り、美しい製品を作り続け、心を掴むのがとっても上手！だからこそ今も買い続けているのだと思います。女性へのギフトはもちろんですが、僕が気に入っているのはやっぱりTブレス。毎日し過ぎて傷だらけになってしまいましたが、それでいいんです。良い思い出がいっぱい刻まれていますから（笑）。

(BRAND STORY)

1837年ニューヨークにてチャールズ・ルイス・ティファニーが創設。アメリカで初のメールオーダーカタログ「ブルーブック」を発行するなど、革新的な企画で注目される。今やティファニーブルーは誰もが憧れるラグジュアリーな証。

（左より）スクエアブレスレット「ティファニー T」＜YG＞67万円、ブレスレット「ティファニー T トゥルー」＜RG＞62万円、リング「ティファニー T トゥルー」＜RG＞17万4000円、リング＜RG×パヴェダイヤ＞29万円、ダイヤモンドリング＜0.5ct～＞110万円～／すべてティファニー（ティファニー・アンド・カンパニー・ジャパン・インク）

THEME 7_JEWELRY

108

55 /105

Item:
JEWELRY

Brand:
DAMIANI

類いまれなる独創性を貫く、究極のネックレス

イタリアンジュエリーの中でも、洗練された大人が持つブランドとして人気なのがダミアーニです。熟練した技術によって表現される緻密な細工はもちろんですが、やっぱりダミアーニが注目されているのは、その類いまれなる創造性とスタイル。シンプルで美しく、繊細なデザインは、女性だけではなく、ブラッド・ピットをはじめとする男性セレブリティたちにもファンが多いことで知られています。中でも、僕が長年愛用しているのがクロスペンダント。スーツ姿の印象が強いので、「干場さん、ネックレスするの？」っていう人もいるんですが……。実はネクタイを締めているシャツの中にしているんです。肌馴染みが良いピンクゴールドのものは「メトロポリタン」コレクション。都会の風景からインスパイアされたデザインは、シンプルでいて、ダイヤモンドの輝きが浮かび上がる独特の質感が特徴。もうひとつのホワイトゴールドのものは「ベル エポック」コレクション。往年の映画のフィルムから着想を得たデザインは、20世紀初頭にヨーロッパが繁栄した時代からインスピレーションを受けています。ベルト、腕時計など、身に着ける金属は色を統一するのが干場流。普段は見せないんですが、ネクタイをはずした瞬間やTシャツの時にチラッと……。好きな人にだけ本当の自分を見せるんです（笑）。ペアでつけるのもオススメ！

(BRAND STORY)

1924年、イタリア・ヴァレンツァにてエンリコ・グラッシ・ダミアーニが創業。かつてないほど精密で繊細なジュエリーを生み出し、その伝統は3代にわたって受け継がれ、世界で事業を拡大。洗練されたセンスでセレブリティを魅了している。

（左）ネックレス「メトロポリタン」＜PG xダイヤ＞19万6000円　（右）ネックレス「ベル エポック」＜WG xダイヤ＞ 参考商品／ともにダミアーニ（ダミアーニ 銀座タワー）

56 /105

Item: JEWELRY | Brand: **ASPREY**

英国紳士たちが唯一許される、究極のシグネットリング

この指輪は、2018年のクリスマス、銀座のアスプレイでトークイベントを行った時にオーダーしたものです。アスプレイは、知る人ぞ知る英国王室御用達の格式高いブランド。その中でも小指にはめるシグネットリングは、結婚指輪さえしない英国紳士が唯一しても許されるジュエリーです。あのチャールズ皇太子もされていて、男の宝飾品の中でももっとも古い歴史を持ち、ヨーロッパの貴族が各々の印章や紋章をリング上部に彫刻したのが最初といわれています。特権階級にだけ与えられていた権利で、富裕であることの証明でもあったんだとか。英国では、サヴィルロウでスーツを仕立て、ニュー・ボンドストリートで小物を揃えるのが紳士の嗜みといわれています。そんな話を聞いたらオーダーしたくなってしまい、イニシャルの「YH」を入れて作ったんです。

(BRAND STORY)

1781年の創業以来、"It can be done"のモットーで、さまざまなビスポークの品々を製作。英国王室をはじめ世界中のセレブリティに愛され続けている、英国ラグジュアリーブランドの老舗。

シグネットリング<18KYG> 時価/アスプレイ(アスプレイ ジャパン)

57 /105

Item: **PEARL NECKLACE** | Brand: **MIKIMOTO**

女性なら必ず
ひとつは持つべき
究極のパールネックレス

日本人の女性なら誰もがひとつは必ず持っているジュエリー、それがパールです。冠婚葬祭で装うものとして、また嫁入り道具のひとつとも考えられていますが、それはひとつに、パールは無垢で清らかなイメージと、控えめで気品ある輝きがあるからといわれています。パールもいろいろありますが、選ぶならやはり「ミキモト」でしょう。というのも、創業者の御木本幸吉が、天然であれば1000個の貝の中に1個あるかないかという真珠を、研究に研究を重ねて自分の手によって養殖で作り出すことに成功したのですから……。かのエジソンが、「私が作ることができなかったものは、ダイヤモンドとパール」というほど。そんなミキモトは、現在でもやはりパール業界における第一人者。世界各国の王室・皇室の式典でも、パールの上品な輝きは賓客たちの装いに欠かせません。色と艶に加えてテリが本当に違うんですよね。

(BRAND STORY)

1893年、世界で初めて真珠の養殖を成功させたのが創業者の御木本幸吉。「世界中の女性を真珠で飾りたい」という創業者の抱いた夢を現在も受け継ぎ、真珠を愛する世界中のファンに最高の輝きを届けている。

パールネックレス＜アコヤ真珠　約8.0mm〜約8.5mm＞100万円／ミキモト（ミキモト　カスタマーズ・サービスセンター）

113

バッグ「バーキン」、ブランケット 私物／ともにエルメス、ソファ「LC3」2人掛け 私物／カッシーナ（カッシーナ・イクスシー 青山本店）

THEME 8

BAG

58 /105

Item: **BAG**　Brand: **CHANEL**

大人の女性が揃えるべき、究極のバッグ

地中海クルーズに初めて取材で行った時のこと。今ではドレスコードがあることは知っていますが、当時はまだあまり語る人もいなかったので、ディナーにどのような装いをするのかよくわかっていませんでした。なにせ地中海ですしね。どんな華やかなドレスを用意しているのかと少し緊張していました。ですが、同行した女性が「そんなに華やかにする必要はないのよ。リトルブラックドレスで十分！」と、さらりと黒のワンピースを着て現れたのです。その意外性に少し驚きました。「え？　黒のワンピースでいいんだ」と……。その時、女性が手に持っていたのがシャネルのアイコンでもある「マトラッセ」のバッグでした。小さめのショルダーバッグは、チェーンの長さを変えるとさまざまな持ち方ができ、女性らしさがあって華美過ぎず、その人自身を美しく上品に引き立てていたのです。ジュエリーも控え目で、していたのはダイアモンドのピアスのみ。抑えた赤いルージュだけが艶っぽく、とても知的でエレガントに見えました。僕が提案する、その人自身の美しさが最大限に引き出される装いは、ここから来ているのかもしれません。デザイナーのココ・シャネルは恋多き女性で、パートナーの存在が事業の発展にも関わっていたといわれていますが、きっと女性の美しさを最大限に表現する術を知っていたんですね。

(BRAND STORY)

1910年パリにてココ・シャネルが帽子のアトリエを創業。以来女性ファッションの歴史を大変革した、ファッションを語る時に欠かすことができないブランド。常にファッション界をリードする女性の憧れである。

バッグ「マトラッセ」私物／シャネル

59 /105

Item: **BAG** Brand: **HERMES**

センスの良さとバランス感覚が試される
究極のラグジュアリーバッグ

世界の女性たちの憧れでもある「バーキン」は、女優ジェーン・バーキンのためにエルメスが作ったバッグです。だから、もともとは女性用なのですが、そんな女性用のバッグを男性が持つということは、それなりの覚悟とセンスが試されるわけです。僕も、8年前に地中海クルーズの寄港地で立ち寄ったモナコでヴィンテージのものを買って、はじめてその存在感の大きさと難しさを痛感しました。バーキン以外のアイテムを頑張ってしまうとやり過ぎて格好悪いし、綺麗に使い過ぎても後生大事にしているように見えてこなれ感がないし、若い年齢で持つと分不相応で釣り合わないわけです。これは男性だけでなくもちろん女性にもいえること。ある意味、「バーキン」を購入したことで、引き算とバランス感覚を学ぶことができたのです。黒は硬めの型押しのアルデンヌ（P.114）。茶色は細かな型押しのクシュベル（右）。どちらも廃番の素材ですが、汚れや傷、擦れに強く、耐久性があるのが魅力です。大きさはともに40cm。男が持つには、最低でもこれくらいのサイズ感がベスト。黒はグレーのスーツスタイルやライダースを着たときに。茶はデニムなどカジュアルなスタイルに。いずれにしても、トートバッグ代わりに、ガンガン使ってます。値段は内緒ですが、セカンドハンドで入手するのもあり。素敵なスタイルを作るには賢くありたいですからね。

BRAND STORY

1837年パリにてティエリ・エルメスが馬具工房として創業。その後ナポレオン3世やロシア皇帝などを顧客として発展した。のちに馬具製品から、カバンや財布、さらに時計やスカーフなどへ事業を拡大。「ケリー」や「バーキン」などの名品を中心に世界から注目を浴び続けているラグジュアリーブランド。

バッグ「バーキン」私物／エルメス

60 /105

Item: **BAG** Brand: **LOUIS VUITTON**

歴史は裏切らないと実感できる、究極の旅行用バッグ

地中海でクルーズ取材の帰りのこと。ついついショッピングに熱が入ってしまい、日本から持参したトランクに荷物が入りきらない事態に……。そこでローマにあるルイ・ヴィトンの直営店に駆け込んで、急遽購入したのがこの「ダミエ・グラフィット」の「キーポル・バンドリエール 55」というバッグです。定番の「モノグラム」をはじめ、ブラウンをベースにした人気の「ダミエ」や「エピ」など、柄や色違いでさまざまなタイプをラインナップしているのですが、黒とグレーのモノトーンに都会的な印象を感じたので買いました。丸みを帯びたハンドルも持ちやすく至極快適。取りはずし可能なレザーストラップ付きで肩に掛けても使えるので、荷物が多くなったときでも心配無用なんです。ちなみに、この旅行用バッグの「キーポル」が誕生したのは1924年。なんといまから90年以上も前のことになります。当時は大型のトランクに折りたたんで収納し、必要なときに取り出して使うサブバッグとしての用途が中心だったみたいですから、僕の使い方は正しかったようですね（笑）。これまで長く続いている歴史が証明しているじゃないかといわれればそれまでですが、使うたびにその良さを実感しているんです。後日、このボストンバッグを、あのデヴィッド・ベッカムもカジュアルなデニムスタイルでさり気なく使っているのを見て、嬉しくなった思い出があります。

(BRAND STORY)

1854年、パリにて荷造り用のトランク職人であったルイ・ヴィトンにより創業。輸送機関の発展から、平蓋で防水加工を施した特殊コットン素材のトランクを考案し急成長する。以降ブランドは世界でもトップのラグジュアリーブランドとして存在し続けている。

（上）バッグ「キーポル」私物　（下）バッグ「キーポル・バンドリエール55」私物／ともにルイ・ヴィトン

THEME 8_BAG

61 /105

Item: **BACKPACK** | Brand: **GUCCI**

やり過ぎでも受けて立ちたくなる、究極のバックパック

オリジナルGGキャンバスにグリーン×レッドのウェブストライプをあしらったバックパックはグッチのもの。いや～、ぶっ飛んでます。「ネオヴィンテージ」コレクションなのですが、金糸の刺繍はあるわ、トラは吠えているわ、ドナルドダックもいるわ……。普通に考えたらやり過ぎですが、それがかえってカッコよく見えてしまうんですから、クリエイティブ・ディレクターのアレッサンドロ・ミケーレ恐るべし。普段なら絶対に手を出さないデザインですが、このやり過ぎな感じが逆に面白いと思ったんですよね。これひとつでパンチがあるから極力シンプルな格好で持っています。もはやこうなってくると、ミケーレからの挑戦状。「持てるもんなら、持ってみな」みたいな。簡単に持っちゃいけないみたいな感じがして考えさせられるんですよね（笑）。

BRAND STORY

1921年フィレンツェで創設。クリエイティビティとイノベーション、イタリア伝統のクラフツマンシップで高い評価を得ている世界有数のラグジュアリーブランド。2015年からアレッサンドロ・ミケーレがクリエイティブ・ディレクターに就任し、グッチの各コレクション等グローバル・ブランドイメージの全てを統括。

バックパック 私物（現在展開終了）／グッチ（グッチ ジャパン クライアントサービス）

62/105

Item: **BAG**　Brand: **PRADA**

一周回って今が気分!　究極のファブリックバッグ

プラダは、メンズがデビューした1994年から大好きで、一時期は全身プラダなんていう時もあったほど、本当によく着てきました。シンプルでミニマルで、機能的な素材を使っていて、モダンで……。シンプルなスタイルが好きな僕にとっては、本当に着やすいアイテムが多くて、ずっと大ファンであります。で、最近になって、立て続けに買ったのがこのアイテムです。ウエストバッグは出張の時に手ぶらで街歩きがしたいと思って買い、ウエストにはもちろん、斜め掛けもできるから本当に便利なんです。バックパックは、以前買った青の迷彩に続き2個目。安定の軽いテクニカルファブリック「ブラックナイロン」だからとにかく軽いし、スタイルを選ばないから使えるんです。出張にも休日にもガシガシ持ってます。あ〜本当に便利!

(BRAND STORY)

1913年に、創立者のマリオ・プラダが、ミラノのヴィットリオ・エマヌエーレⅡ世のガレリアに高級な旅行用品の専門店として開業。質の高い製品作りが評判となりイタリア王室御庄達に。現デザインーはマリオの孫娘であるミウッチャ・プラダ。

(左)ウエストバッグ7万4000円　(右)バックパック18万1000円(ともに予定価格)/ともにプラダ(プラダ クライアントサービス)

63 /105

Item: **SUITCASE** Brand: **RIMOWA**

軽さと耐久性で人気の 究極の高機能スーツケース

20歳の頃の海外旅行から、ずっと使っているスーツケースがリモワです。初めて買ったのはシルバーでした。イタリア、スイス、ドイツ、フランス、イギリス、アメリカ……。海外出張に行くたびに、行く先々のシールがバンバン増え、最後はイイ感じに味が出て気に入っていたんですが、さすがに壊れてしまいました。修理して使っても良かったんですが、寿命かと思って最近愛用しているのが写真の「真っ黒ツヤ消し」タイプのものです。ここ数年のスーツケースは随分進化していて、素材の軽量化や、収納性アップ、ホイールのなめらかさなど格段に上がっているんですよね。顔写真があるのわかります？　これは電子タグなんですけど、さすがに写真が入ってるせいか、盗まれもしないし、ロストバゲッジもないですね。

BRAND STORY

1898年ドイツのケルンにて創業したスーツケースブランド。飛行機からインスピレーションを得てアルミニウム合金で製造。大ヒットを収め世界のトップブランドとして地位を確立している。

スーツケース　私物／リモワ（リモワ　クライアントサービス）

64/105

Item: **SUITCASE** | Brand: **FPM**

クラシカルなフォルムの究極の最強スーツケース

イタリアだけでも120回ぐらい行っていまして……。前回の出張で、スーツケースがかなり傷だらけになってしまって。そこで何か新調しようかと探していた時に巡り合ったのが、写真のエフ ピー エム-ミラノのスーツケースです。驚いたのはスーツケース表面の素材。なんと10ミクロンもあるアルミニウムなんです。だから、ガンガン使っても、外からの衝撃にもめちゃくちゃ強く、信じられないくらい頑丈なんです。しかも特別仕様のバタフライロックもついているから安全面の心配も無用。さらに外のハンドルと同じ手仕事で仕上げたイタリアンレザーを内側にも使用しているから、高級感もあるんですよね。デザインから製造まで全工程をイタリアで作っているなんて、やっぱりイタリアってすごい！

(BRAND STORY)

1946年イタリア・ミラノにて創業したレザーブランド。ラゲッジ、バッグ、トラベルアクセサリーに特化し、優れた技術力で美しいデザインと機能性を兼ね備えた製品を生み出し続けている。

スーツケース「バンク トランクby Marc Sadler」21万8000円／エフ ピー エム-ミラノ（サン・フレール）

125

65 /105

Item: **BASKET** | Brand: **NANTUCKET BASKET**

一生ものとして大切に使いたい、究極のバスケット

女性が持つ夏のバッグといえばバスケットです。簡素な作りで安い買い物かごのイメージがあると思うんですが、これはまったくの別物。アメリカのナンタケット島の伝統工芸品で、オールハンドメイドで一点もの。モールドと呼ばれる木型を用い、チェリー、メイプル、ウォールナットなど複数の木材が使用され、その精巧な作りはラグジュアリーブランドのレザーバッグにも勝るとも劣らないほど美しいのが特徴です。軽くて、丈夫で、エレガント。使い込むほど美しい色合いに変化していくのがなんといっても魅力です。当初捕鯨船で作られたスクリウムシャウなどは母や妻のために作ることが多かったとされ、ひと編みひと編みの美しさに愛情を感じることができます。それが「一生もののバスケット」と呼ばれる所以なのかもしれません。

(BRAND STORY)

19世紀にアメリカのナンタケット島の灯台船で製作されていたものを起源とする伝統工芸品。すべて手作りで一点もの。「バスケット界のエルメス」といわれるほどその精巧な作りで人気に。

(左)ウォールナット×マンモス×レザーを使用した10インチトート (右)メイプル×エボニー×レザーを使用した6インチのオペラともに参考商品／野村千晴(日本ナンタケットバスケット協会／グレイミストジャパン)

66 /105

Item: **BRIEFCASE**   Brand: **PELLE MORBIDA**

ファッション編集者の視点を活かして作った
究極のビジネスバッグ

ブランド名であるペッレ モルビダは、イタリア語で「柔らかな革」の意味。大好きな船旅を楽しむような成熟した大人に向けて僕がプロデュースしている、適正価格にこだわるバッグブランドです。2012年に設立したので、もう8年目。今では、本当に多くの方々にご愛用いただけるブランドになりました。さまざまなシリーズがラインナップされているのですが、僕が日頃から愛用しているのは、写真のキャピターノというシリーズの2ルームのブリーフバッグ。主に国内出張用としてスーツに合わせて使っています。素材は、軽く、傷がつきにくいシボ革。2ルームあるので、一方には書類を入れ、一方には次の日の着替え用のシャツ等を入れています。スーツケースにも装着できるキャリースルーが付いているので、本当に便利なんですよね。

(BRAND STORY)

2012年、船旅をコンセプトにモノの本質を知り、優雅さを求めるブランドとして誕生。クリエイティブディレクターとして干場義雅が監修。ビジネスバッグとして日本全国で人気に。

2ルームのブリーフバッグ6万8000円/ペッレ モルビダ(ペッレ モルビダ 銀座)

(左)サイドゴアブーツ５万2000円
(中)プレーントゥ５万2000円
(右)スニーカー３万6000円／すべてダブルエイチ(オリエンタルシューズ)

THEME 9

SHOES

67 /105

Item: **SHOES**　Brand: **JOHN LOBB**

別格という名に相応しい、究極のビスポーク靴

世界最高峰の靴といえばジョンロブ。創業者のジョン・ロブ氏は1862年に開催された英国万国博覧会で金賞を受賞すると、翌年10月には当時の英国皇太子であったエドワード7世にブーツを献上、英国王室御用達靴職人に任命されるほど、超一流の腕前を持っていました。そうした卓越した職人技や質の高いサービス、追求されたスタイルなどの文化的遺産が、時代を超えてしっかりと継承されているのもジョンロブの強みです。中でも、僕が愛用しているのがこの一足。グッドイヤーウェルト製法による最上級のプレステージラインのシューズで、土踏まず部分を絞り込んだヴェヴェルドウエストのシルエットと、半カラス塗りのソールが特徴です。ビスポークに用いられるディテールを取り入れて、よりエレガントなイメージに仕上げているんですね。フォーマルスタイルに合わせるために入手したパテントレザー素材の「ガルニエ2」は、極上のフィッティングと究極の造形美で、さすがはジョンロブとしかいいようがありません。確かに高額ではありますが、本物を身に着けると背筋が伸びるし、それに相応しい男になろうと努力します。これぞ、大事にメンテナンスしながら長年付き合っていきたい一生ものの靴ですね。

(BRAND STORY)

1866年、イギリス・ロンドンにてジョン・ロブがビスポーク靴専門店をスタート。英国王室御用達の靴職人となり、その類いまれな技術で世界最高峰のブランドとして地位を確立。世界中のセレブリティや著名人を魅了し続けている。

シューズ「ガルニエ2」(シューツリー込み) 私物/ジョンロブ (ジョン ロブ ジャパン)

THEME 9_ **SHOES**

MEN

68 /105

Item: **SHOES**　Brand: **CHRISTIAN LOUBOUTIN**

レッドソールで夢中にさせる、究極のハイヒール

とある素敵な大人の女性とイタリアンレストランで食事をした後、「良かったらもう一軒行かない？　知っているBARが近くにあるの」と言われたので、カウンターのあるBARに行った時のこと。会話も弾み、良い雰囲気になって、その女性が「マッカラン」のロックをもう一杯オーダーしたんです。え、今夜……!?　って良からぬ期待をした瞬間、その女性は「今夜は本当に楽しかったわ。飲んでいって。先に帰るわ、またね」と言って立ち去ったんです。ふわっと香る優しいフレグランス、薄暗いBARの明かりに照らし出された女性らしいシルエット、歩いて行く後ろ姿を目で追っていたときにチラッと見えたのが何を隠そう「クリスチャン ルブタン」の赤いソールだったんです。素材は黒のスウェードで、確か7cmぐらいのハイヒール。手グシで髪を掻きあげな

がらほろ酔いで歩いていく姿がなんとも艶っぽくて気絶した覚えがあります（笑）。つま先の美しいエッグトゥのシルエット、指の股がチラッと見える履き口の浅さとキレイなカッティング……、そして赤いソール。クリスチャン ルブタンのハイヒールって、男の僕から見ても本当に美しいんですよ。世の女性たちを魅了し続ける気持ちがわかりますね。

(BRAND STORY)
1991年、パリにてクリスチャン・ルブタンが創業したシューズブランド。トレードマークの「レッドソール」とその美しいフォルムのハイヒールが、世界中の女性たちの憧れになっている。

パンプス 8万1000円／クリスチャン ルブタン（クリスチャン ルブタン ジャパン）

69/105 Item: SHOES | Brand: TOD'S

イタリアの真髄を語る
究極のシューズ

僕がこよなく愛するイタリアを代表するラグジュアリーブランドといえばトッズ。以前、工場があるマルケ州に行って来たんですが、その工場の素晴らしさに度肝を抜かれました。美しい製品の数々は、素敵な職人さんたちの手によって丁寧に作られ、皆さん働くことを誇りに思っていて幸せそうでした。トッズを率いるディエゴ会長は、職人さんや働く人たちを大切にしていて、皆さんからとても愛されていたのです。美しい製品は、美しい場所で働く人たちから生まれ、その人たちには、美しい心も宿っているのだと感じました。そんなトッズを代表するのが、ご存知「ゴンミーニ」。ブランドを代表するアイコンモデルであり、王室から実業家、映画スターからトップモデルに至るまで、真のイタリアンスタイルを体現するアイテムとして世界中の人々から愛されています。特徴は、ともかく足に馴染んで履きやすいこと。僕も何足購入したかわからないほど愛用しています。他にお気に入りなのがパテントレザーのローファー。船旅に行ったときや、ヨーロッパのリゾートホテルなんかに持って行くと、ちょっとドレスアップしたいときに本当に使えるんですよね。パートナーと二人でお揃いにしても控えめなので大人にはいいですね。

MEN

WOMEN

> BRAND STORY

1940年代にイタリアのデッラ・ヴァッレ家がシューズの製造をスタート。徐々にビジネスを拡大し、1970年代後期にブランドとして創業。底に100個以上のゴム突起をつけたドライビングシューズ「ゴンミーニ・モカシン」がヒット商品になり世界的ブランドに。

男性用シューズ7万6000円、女性用シューズ6万4000円／ともにトッズ（トッズ・ジャパン）

70 /105

Item:
SHOES

Brand:
JIMMY CHOO

ハリウッド女優からも信頼の厚い、究極のパンプス

最近の女性は、スニーカースタイルが多くなりましたね。そのせいか、パンプスを履く割合が減ることで、すぐに足が疲れたり、痛くなったりして長時間履いていられなくなったというのです。ところが、先日ある立食のパーティに出席した時にご一緒した女性の方が、辛そうな顔ひとつせず8cmのヒールを履いていたのです。それが、ジミー チュウのパンプスでした。不思議に思って聞いたところ、「細いピンヒールなのに安定感があって疲れにくいし、とても歩きやすいから長時間履いていても大丈夫なの。だから素材違いで何足も買っちゃうのよね」と……。ハリウッド女優たちから"信頼できるブランド"と言われているのも納得です。美しくてエレガントだし、履きやすいしだなんて、僕が女性だったら絶対買っちゃいますね。

(BRAND STORY)

1996年ロンドンで創業したラグジュアリー・アクセサリー・ブランド。レッドカーペットの常連として人気を博し、現在ではセレブリティからロイヤルファミリーまで多くの方々に愛されている。

スウェードパンプス 7万6000円／ジミー チュウ

71 /105

Item: SHOES | Brand: **MANOLO BLAHNIK**

スタイルの主役にしたい、究極のドレスパンプス

1998年に放送が開始されたアメリカの人気TVドラマ『Sex and the City』の中で、主人公がこよなく愛している靴に設定され、大ブレイク。ダイアナ妃やUS版の『VOGUE』編集長アナ・ウィンターなど、世界中のセレブリティたちに愛用されているのが、ご存知マノロ ブラニクです。マノロの靴の特徴は、なんといってもツマ先からかかとまでが流れるような美しいシルエットを持っていること。レザーはもちろん、サテン、ツイード、レース、ベルベット、ビジューを取り入れたその美しさは、女性たちの心を鷲掴みにし、「置いておくだけで気分が上がる！」とまで言われるほど。昨シーズンからはメンズも販売が開始されたので、ますます目が離せなくなりそうです。

(BRAND STORY)
1973年ロンドンにて、マノロ・ブラニクが創業。精巧なラスト（木型）と優雅にシェイプしたヒールは他に見ることができない絶妙なバランスを備えていて、ファンの心を魅了している。

（左）男性用シューズ11万4000円 （右）女性用パンプス15万4000円／ともにマノロ ブラニク（ブルーベル・ジャパン）

137

72 /105

Item: SHOES | Brand: **J.M.WESTON**

MEN

誕生から70年経った今も変わらない、究極のローファー

三代続くテーラーの息子として生まれ育った僕は、10代の頃からともかくファッションが大好きでした。もちろん当時は、お小遣いも限られていたし、バイト代を貯めても大した額にしかならなかったのですが、ファッション雑誌や『ファッション通信』を食い入るように眺めては、いつかは自分も格好良い大人になりたいと夢見ていました。そんな当時、パリの16区に住む良家のお坊ちゃんたちがこぞって履いているということで知ったのがジェイエムウエストンのブランドアイコンにもなっているローファーです。グッドイヤーウェルト製法で作られていて、履けば履くほど足を包み、最高のフィット感を得られるのが特徴なんですよね。カーフスキンのライニングのような持ち主がすぐに

WOMEN

体感できるものもあれば、コットンを使った縫い糸など細部の見えない部分にまでこだわりが凝縮されていて、それが創業時から変わらないというから驚き。実に170名以上の職人が腕を振るい、1足のローファーを制作するのに約2ヶ月も費やし、皮革の裁断やアッパーの縫合、靴底の裁断、組み立て、艶出しなど、完成までに150もの工程を経ているのです。当時、高くて喉から手が出るほど欲しかった記憶があります。大人の男女に履いてほしいですね。

BRAND STORY

1891年、フランスにてエドゥアール・ブランシャールによって創業したシューズブランド。アメリカのグッドイヤーウェルト製法を学んだことで大きく飛躍。エレガントなデザインと高い機能性で多くのファンを魅了し続けている。

男性用ローファー、女性用ローファー各10万円／ともにジェイエムウエストン

73 /105

Item: **SHOES** Brand: **WH**

人気爆売れが止まらない！
究極の坪内＆干場コラボシューズ

「ビジネスマンに、もっと歩きやすくてカッコイイ靴を履いて欲しい！」。そんな思いでシューズデザイナーの坪内浩さんと一緒に開発したのがダブルエイチです。一番のキモは、見た目がクラシックな革靴なのにスニーカーみたいに楽なこと。厚めのラバーソールだから身長が5cmアップし、脚長効果でスタイルがよく見えるんです。雨でも履けるし、オールソール交換もできるから長く使えるんですね。アッパーは、フランスの某有名メゾンも扱うアノネイ社のもの。ラバーソールはイタリアのビブラム社製。金具は、日本を代表するジュエリーデザイナーの吉田眞紀さんに作ってもらいました。デザインは、世界中の傑作靴の良い部分を踏襲しています。まだ5年目なんですが、年々売り上げが増え、爆発的ヒットを記録！　いろいろなモデルがあるのですが、僕が愛用しているのが、一番ソールが厚いZソールのプレーントゥとサイドゴアブーツ、そして最近出たスニーカーです。最近ダブルエイチを履いてしまったら、他の革靴がカタく感じて本当に履けなくなってしまって……。今では16足所有（笑）。この柔らかい履き心地と、身長がアップして視界が変わる感じを体感していない方にぜひともおすすめしたいですね。

THEME 9_SHOES

140

(BRAND STORY)

シューズデザイナーの坪内浩氏と干場義雅がタッグを組んで誕生したブランド。世界中のパーツを選りすぐって作り上げられた靴はデザイン、履き心地ともに他とは一線を画すものになり、生産が追いつかないほど人気に。

(左) スニーカー3万6000円　(中) プレーントゥ5万2000円　(右) サイドゴアブーツ5万2000円／すべてダブルエイチ (オリエンタルシューズ)

74/105

Item: **SNEAKER** | Brand: **PATRICK**

シンプルに特化してデザインした、究極の控えめスニーカー

あるとき、ふと思ったんです。世の中には主張しているスニーカーが多いなと。そこで、モノトーンのスタイルに似合うシンプルなスニーカーが欲しいと思い、プロデュースしたのがパトリックのクルーズラインです。2年前の1月にピッティで発表しました。ロゴやブランド名を一切入れずに、究極なまでにシンプルなデザインにして、厚みのあるソールとコバがポイントになるようにしています。アッパーはフランスの某有名メゾンも使用するアノネイ社の革を使用。だから上品なスタイルにも似合うのです。すでに5足所有していますが、ヒールにクロコダイルを使用した伊勢丹メンズ館限定の特別モデルも2足買っちゃいました。自分が欲しいものを作っているから買ってしまうのも無理ないですよね。まさにミイラ取りがミイラに(笑)。

> **BRAND STORY**

1892年、西仏プゾージュにて靴職人パトリック・ベネートーが靴づくりをスタート。フランステイストは残しつつ、1990年に国内モデルの生産を開始。機能性にカジュアルさを加え人気に。

スニーカー 私物／ともにパトリック

75 /105

Item: SHOES | Brand: **PELLICO**

チラリズムが堪らない、究極の美シルエットパンプス

ここ数年で女性のパンプスは、ポインテッドトウに移行し、少し尖ったものを履いている人を目にすることが多くなりました。中でも人気なのがペリーコのもの。イタリアブランドならではの美しいカッティングのものが特徴で、日本人女性の足のカタチに合うからとにかく履きやすく、大人気なんだそうです。おまけにシンプルだから、どんなスタイルにも似合ってしまう汎用性も魅力のひとつ。写真のものは、履き口にホールカットのあるパンプスなので、足の指の付け根がチラッと見えて、セクシーでいいですね。美しさもありながら、それでいて比較的お手頃なプライスも嬉しいところで、足が合う人は絶対にリピーターになるんだとか。そういえば、仕事仲間はだいたい一足は持っていますね。この魅力にハマると抜けられないらしいですよ（笑）。

(BRAND STORY)
1963年、イタリアのヴェニス郊外でルカ・パンパニンが創業。ベーシックなスタイルに洗練されたデザインと卓越した職人技術で最上級の履き心地と多くのファンを魅了している。

パンプス　4万8000円／ペリーコ（アマン）

サングラス5万1000円／トム フォード アイウエア、ドップキッド
15万円／トム フォード（トム フォード ジャパン）

THEME 10

ACCESSORY

76/105

Item:
SUNGLASSES & POUCH

Brand:
TOM FORD
TOM FORD EYEWEAR

力強く、タフでセクシーな、究極のポーチとアイウエア

映画『007/慰めの報酬』から３作品続けてジェームズ・ボンド着用のスーツデザインを担当するなど、常に紳士や淑女の色気を追求し続ける世界のトップデザイナーといえばトム・フォード。「力強く、タフでセクシーであるべき」というコンセプトのもと、ウエアのみならずビューティやアイウエアまで幅広いアイテムを展開しています。中でも僕が愛用するのが、ドップキットと呼ばれる写真のレザーポーチとサングラス。キモは、ゴージャスなゴールドジップと肉厚なグレインレザーを使用していて、とにかく高級感が段違いなこと。コンパクトながらマチが広く収納力も抜群で、歯ブラシや目薬、身だしなみに必要なエチケット小物をスッキリと整理し、スマートにまとめられます。クオリティファーストにこだわったシンプルかつミニマムなデザインこそがトム フォードの真骨頂。僕はスーツスタイルに合わせるバッグとしても代用しています。写真のサングラスもお気に入り。ラグジュアリーブランドのサングラスは、とかくエッジが利きすぎているものも結構多いのですが、あくまでクラシックに沿ったトム フォード アイウエアは、本当に頼れる存在。サイドのTマークがラグジュアリーなアイコンとして支持を集め、いまやイイ女が掛けるアイウエアの象徴的ブランドにもなっていますよね。比較的大きめで眉毛が隠れるので日本人の僕でも、それらしく見えるんです（笑）。

(BRAND STORY)

2005年、グッチ、イヴ・サンローランでクリエイティブディレクターを務めたトム・フォードが設立したブランド。クラシカルな雰囲気を残しながら、素材や縫製にこだわるのが特徴で世界を魅了している。ファッションにとどまらずビューティブランドとしても人気。

（左）サングラス５万1000円／トム フォード アイウエア　（右）ドップキット15万円／トム フォード（トム フォード ジャパン）

THEME 10_ACCESSORY

77 /105

Item: **SUNGLASSES** | Brand: **PERSOL**

イタリアの誰もが愛する、究極の国民的サングラス

20年前。『エスクァイア日本版』編集部を辞めて、『LEON』の創刊に携わる時に、アニキからプレゼントされたのがペルソールのサングラスでした。ベーシックで普遍的でレイバンと肩を並べられるのは、世界中探してもペルソールだけじゃないでしょうか。1938年創業という歴史も、イタリア空軍に正式に採用されていたという実績も申し分ありません。サイドに輝く「シルバーアロー」のアイコンはそのままに、細部にわたる丁寧な作り込みは圧巻のひと言。イタリアでは、老若問わず、サングラスの約3割がペルソールといわれるぐらいですから洒落者の愛用者が多いのも当然。今は、あのスティーブ・マックィーンが愛用した写真のティアドロップ型の「649」が僕の鉄板です。

(BRAND STORY)

1938年イタリア・トリノでジュゼッペ・ラッティが創業。ペルソールの意味は、「太陽のために」。アメリカのレイバンに対してイタリアのペルソールといわれるほどの地位を確立。世界初で強化ガラスやUVカットレンズを採用。

サングラス2万4000円／ペルソール(ルックスオティカジャパン カスタマーサービス)

78 /105

Item: **SUNGLASSES** | Brand: **RAY - BAN**

日本人でも眉毛が隠れる、究極のウェイファーラー

レイバンの中でも僕のお気に入りといえば、マットブラックのウェイファーラーとティアドロップ。このウェイファーラーは従来のものよりもレンズサイズが2ミリ大きい52ミリのアジア人向けのフィットです。ノーズパッドはニューアジアンフィットを採用し、レンズがまつ毛に当たりにくくなっているタイプ。20度だったフロントの傾斜がこのモデルでは15度に変更になり、これまで最大の難点だった頬にフレームが当たるのが解消されています。最近は純正の度付きレンズのサービスが始まり、度付きレンズにしても「Ray-Ban」のロゴが入るんです。以前はレイバンのサングラスに度を入れると、レンズの左上にあった「Ray-Ban」のロゴは無くなってしまっていたのに……。凄い！というか嬉しいですね。度数によって値段は変わるそうです。お試しあれ。

(BRAND STORY)
1937年、アメリカにてメガネ、サングラスを展開するブランドを創立。創立時よりアメリカ空軍が採用し、多くの映画に使用されるなどして、「世界最高峰のサングラス」の称号を得る。

(上)「アビエーター」私物　(下) 度付き仕様のサングラス「ウェイファーラー」3万5000円〜／ともにレイバン(ルックス オティカジャパン カスタマーサービス)

| 79/105 | Item: EYE WEAR | Brand: OLIVER PEOPLES |

ベーシックで普遍的な、究極のアイウエア

現在、所有しているメガネやサングラスは30本ぐらいでしょうか。近視と乱視なのでメガネは必需品ということもあるのですが、時間や場面に応じて掛け替えられたり、ちょっとした変身気分も味わえるので常にバッグの中に複数本入れています。中でも好きなのがオリバーピープルズのアイウエア。その魅力は、なんといってもベーシックで、普遍的な美しさがあること。ちなみに、この黒い1本はニューヨークの紳士服ブランド「ミラーズ オース」とコラボしたリミテッドエディションの「Sir Finley」というモデルです。関係ないですが、1980年代に放送されていた『パパはニュースキャスター』に出ていた田村正和さんが掛けていたようなメガネが欲しくて。しばらく探していたんですが、これが一番雰囲気に近いかな（笑）。

BRAND STORY

1987年にロサンゼルスで創業。当初アメリカ製のヴィンテージアイウエアから着想を得てデザインされていたのは有名。その後、デザインの幅を少しずつ広げていき人気に。

（上）サングラス3万6000円　（下）メガネ 私物／ともにオリバーピープルズ（オリバーピープルズ東京ギャラリー）

80 /105

Item: **SUNGLASS** Brand: **OLIVER GOLDSMITH**

大人気から休止！そして大復活を遂げた、究極のサングラス

昔から映画からインスピレーションを受けることが多いんですが、このオリバー・ゴールドスミスのサングラスもまさにそう。若い頃に見たオードリー・ヘップバーン主演の『ティファニーで朝食を』の時に、オードリーがつけていて……。小さく整った顔に、対照的な大きくて真っ黒なサングラスが印象的で本当にしびれた記憶があります。オリバー・ゴールドスミスは、そのデザイン性の高さでヨーロッパのファッションシーンを席巻し、一大ムーブメントを巻き起こしたんですよね。愛用者にはグレース・ケリー、ジョン・レノンと著名人も多いことから、世界中のファッショニスタたちに欠かせないアイテムとなっていったのです。掛けるのはもちろんですが、頭に載せたり、手に持って使ったりして、ぜひ使いこなして欲しいですね。

(BRAND STORY)

1926年イギリスにて創業し、べっ甲フレームの製造からスタート。世界で大ヒットするも90年代にはブランドを休止。2005年に、品質、優雅さ、快適さを前提とし、復刻している。

サングラス 6万5000円／オリバー・ゴールドスミス（ブリンク ベース）

81 /105

Item: **TIE**　Brand: **TAKASHIMAYA**

グレースーツに白シャツの相棒、究極の7cm幅の黒ネクタイ

この数年愛用しているのが、僕が監修に携わっているタカシマヤ スタイルオーダー サロンでオーダーしている7cm幅のウールの黒無地のネクタイです。なぜ一般的にネクタイに使われているシルク素材にしないかというと、素材が持つ特性上どうしても光沢が強くなってネクタイばかりが目立つんですよね。やっぱり目立つべきは洋服よりも着ている自分自身。ウール素材のネクタイが良いのは毎日締めても、シルクみたいにテカテカになりにくいこと。芯地の固さにもこだわっていて、結びやすくディンプルも美しくキマります。さらに7cm幅だから、シャツ一枚の姿になったときに肩幅や胸幅が広く見えて小顔にも見えるんです。目の錯覚って不思議ですよね。イニシャルはもちろんHです。

(BRAND STORY)

干場義雅監修のもと、無限にあるオーダーの選択肢の中から、あらかじめ基準のスタイルを設定しオーダーする形をコンセプトとして誕生した、タカシマヤ スタイルオーダー サロン。

ネクタイ1万円～／タカシマヤ スタイルオーダー サロン（髙島屋 新宿店）

82 /105

Item: **BOWTIE**　Brand: **BROOKS BROTHERS**

アメリカ社交界の息吹が感じられる、究極のボウタイ

創立200年を超えた今も、アメリカンクラシックを追求し続けているブランドといえばブルックス ブラザーズ。No.1サックススーツやポロカラー（ボタンダウン）シャツ、ポロコートなどの名品を生み出し、リンカーンやケネディなど歴代大統領をはじめとする多くの有名人に愛用されてきたブランドです。もちろん僕もいろいろ着てきたんですが、フォーマルなタキシードを着る際に愛用しているのがシルク素材の黒のボウタイです。タキシードの時って、最初から蝶結びになった出来合いのボウタイをしている人も見かけるんですが、見れば自分で結んでないな！ってわかってしまって、なんか格好悪いんですよね。上手く結べなくても、やっぱり自分で蝶結びをしてこそ、気分も上がります。

(BRAND STORY)
1818年にアメリカ・ニューヨークでヘンリー・サンズ・ブルックスが創業。英国紳士スタイルをもとに最高品質の商品を作り、アメリカンクラシックスタイルの礎を築いたブランド。

ボウタイ 私物／ブルックス ブラザーズ（ブルックス ブラザーズ ジャパン）

83 /105

Item:
UMBRELLA

Brand:
FOX UMBRELLAS

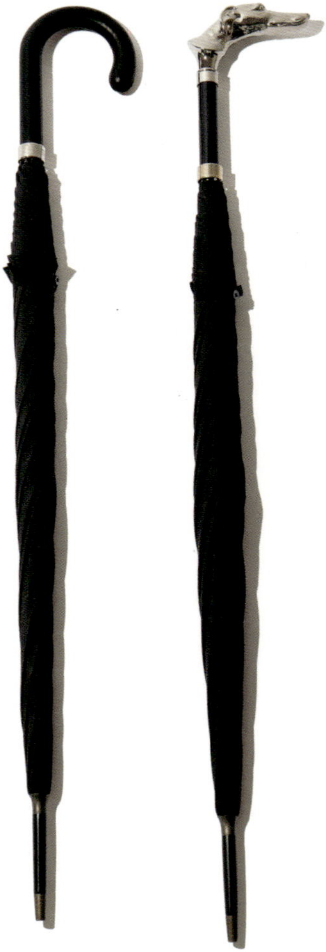

革命を起こしたといわれる 究極の英国王室ご愛用傘

憂鬱な雨の日も、これを持つだけで背筋がピンと伸びたような気分にさせてくれるのがフォックス・アンブレラの傘です。中でも僕が愛用しているのは、写真の革巻きモデルとグレーハウンドをかたどったハンドルのもの。特徴は、なんといっても傘を開いた時と、閉じた時のフォルムが美しいこと。その理想を突き詰めた結果、8本の親骨を採用することで極めて細く巻けるようになったのです。頑丈なスティール製のシャフトを採用したり、ナイロン生地を世界で初めて採用したのもココ。常に、傘業界に革命を起こしてきたのです。雨が降っていない時には、英国紳士たちのステッキとしての役割も担っていたとされているんですよね。

(BRAND STORY)

1868年、英国ロンドンにて創業。ヴィクトリア女王の時代から、職人によるハンドメイドの高級傘を作り続けてきた英国王室ご愛用として知られているブランド。

(左) 滑りにくい革巻きのハンドル3万6000円 (右) グレーハウンドのハンドル3万8000円／ともにフォックス・アンブレラ (ヴァルカナイズ・ロンドン)

84/105

Item: GLOVES | Brand: **HESTRA**

ピタッと吸い付く、究極の一枚仕立てのグローブ

先シーズンの冬、イタリアとスイスに長期の出張があるからグローブでも新調しようかなと思って購入したのが、ヘストラのグローブです。手足が大きいので自分のサイズに合うものがなかなか見つからないんですけど、たまたま行った福岡のセレクトショップに自分のサイズが合ったので買いました。素材は、グローブ素材の王道といわれるペッカリー(いのしし)。色は、靴やバッグやベルト、腕時計のストラップ、メガネに合わせて黒にしました。小物は、色合わせをするのがお洒落の流儀。裏地がシルクやカシミヤのものも持っているんですが、最近はフィット感の高い一枚仕立てのものがお気に入りです。グローブをはめたまま、切符やチケットをつかめるのも大切なポイントです。

BRAND STORY
1936年、スウェーデンのヘストラにて創業。林業に対応できる耐久性の高い作業用グローブを提供したことで評判になる。現在では様々な状況で適応する機能性の高い製品を作り出している。

グローブ 4万2000円／ヘストラ(ストラスブルゴ)

85/105

Item: **CHIEF**　　Brand: **MUNGAI**

スーツスタイルを正統派に格上げする、究極の白麻チーフ

スーツやジャケットを着る機会が多く、今までさまざまなポケットチーフを購入してきましたが、結局のところ使い勝手が一番良いのは白だと気がつきまして……。それ以来、愛用しているのがムンガイのポケットチーフです。素材は、上質な麻で、吸水性にも優れていて、手触りが柔らかいのがキモ。端はすべて手で巻き縫いしているところも特徴のひとつです。通常のビジネスシーンではTVフォールドに。新製品の発表会などの時はTVフォールドを少しくずした感じで。パーティなどの華やかなシーンはクラッシュスタイルでさり気なく挿しています。一枚で何通りにも使えるのがいいんですよね。家で洗濯して常に白さをキープすることも重要。洗ったらアイロン掛けも忘れません。3枚ぐらい持っていると便利です。

(BRAND STORY)

刺繍が有名なフィレンツェ近郊の街、ピストイアで100年ほど前から貴族や裕福な人たちが使うタオルやベッドリネンをつくり続けている。熟練したオールハンドメイドの職人技が魅力。

チーフ私物／ムンガイ（ストラスブルゴ）

86/105

Item: **LONG HOSE** Brand: **GLEN CLYDE**

驚くべき、究極素材のロングホーズソックス

僕がスーツを着る際に履いているのがロングホーズ。夏場に素足で靴を履く時以外は、基本的にパンツの隙間から生足が見えるのが嫌なのでコレばかり履いています。黒い靴なら、もちろんロングホーズは同色の黒です。中でも愛用しているのがグレンクライドのもの。実は日本製なんですが、とても良くできていまして。驚いたのがその素材。限られた取引先としか契約を結ばないといわれているシーアイランドコットン（海島綿）を採用しているんです。だから、上品な光沢と足入れしたときに感じるなめらかさは格別。糸の番手、撚り回数など独自で研究し、さらに裏糸やリブ目、つま先にも職人による手作業を施しているんですね。ふくらはぎ、くるぶしで圧迫感を変えているのも魅力。もう10足まとめて買おうかな。

> BRAND STORY

1992年東京の北区にて創業。メイドイン日本にこだわり高い技術を評価される。新ブランドなどを発表するなかで、シーアイランドコットンを使用したソックスの開発を続けている。

ロングホーズ各3500円／ともにグレンクライド（グレンクライド ソッククラブトウキョウ）

87/105

Item: **FOUNTAIN PEN** | Brand: **MONTBLANC**

最高峰の品質を追求し続ける、究極の万年筆

デジタルが普及した現代。それでも「デキる男は必ず持っている」といわれているのが、筆記具の最高峰モンブランの万年筆です。現在はラグジュアリーなライフスタイルブランドへと進化し、1906年以来、筆記具はもちろん、時計、レザーアイテムなどその領域を開拓。それぞれの分野において最高の職人技と環境が揃うところで作るべく、筆記具はドイツのハンブルク、時計はスイス・ジュラ地方のル・ロックルとヴィルレなど、精緻なクラフツマンシップを追求し続けることで世界から厚い信頼を集めています。中でも僕が愛用しているのが「マイスターシュテック」モデル。一本持っているだけで、何気ない日々の生活も豊かにしてくれるんですよね。自然と、字も丁寧に書くように心がけている自分がいます。

(BRAND STORY)

1906年、ドイツのハンブルクにて創業。高級万年筆やライティング・アクセサリーで不動の地位を築き、のちに時計や革製品などの商品も展開し、ビジネスマンの必須アイテムに。

(左)万年筆「モンブラン ミューズ マリリン・モンロー パール」10万7000円　(右)万年筆「マイスターシュテック 149」9万5000円／ともにモンブラン(モンブラン コンタクトセンター)

88 /105

Item: **LEATHER ITEM**　　Brand: **SMYTHSON**

老舗英国ブランドの、究極の革小物

前回のイギリス出張で、衝動買いしたのがスマイソンのペンケースです。以前よりブランドは知っていましたが、手にしたのは初めて。実は創業以来130年以上の歴史を持つ老舗の英国ブランドなんですよね。英国王室御用達として認められていて、代表的なアイテムである手帳やノートを開くと、エリザベス女王をはじめとするロイヤルワラント（英国王室による認定証明書）が3つもプリントされている由緒正しきブランドです。グレース・ケリーやグウィネス・パルトロウなど世界中のセレブリティが愛用していることでも知られています。ブランドを主張しない控えめでシンプルなデザインと良心的な価格設定もオススメの理由。パートナーとお揃いにするのもアリですね！

(BRAND STORY)
1887年イギリス・ロンドンにてフランク・スマイソンが高級文具や銀製品を扱うショップとして創業。その品質の高さから英国王室御用達ブランドとなり世界的な地位を確立する。現在では革製品も人気。

（左上）フラットカードホルダー2万1000円（左中）コインパース2万9000円　（右）パナマノート9000円（下）ペンケース2万5000円／すべてスマイソン（ヴァルカナイズ・ロンドン）

（左）ルームディフューザー「ブルー メディテラネオ アランチャ」1万1800円 （中）フェイスクリーム「バルビエーレ」<50ml>1万400円 （右）アイクリーム「バンビエーレ」<15ml>8200円／すべてアクア ディ パルマ（インターモード川辺 フレグランス本部）

THEME 11
BEAUTY

89/105

Item:
SKIN CARE

Brand:
DE LA MER

日焼け肌の奇跡を狙う
究極のラグジュアリースキンケア

僕の日焼け歴は約30年。実は昔、少しだけアトピー性皮膚炎で悩んでいまして。皮膚科の先生に相談したら「海に行きなさい」と言われ、その夏に3回剥けるほど焼きまくったんです。そうしたら治ってしまい……。今ではすっかり日焼けが趣味になってしまったのです。でも肌のメンテナンスをほとんどしてこなかったので常にカッサカサ状態で。見かねた知人にすすめられたのがドゥ・ラ・メールでした。日焼けをすると極度の乾燥状態の肌になってしまうんですが、このクリームは、海藻などからなる独自の保湿成分を配合しているから、なんともしっとりと保湿をしてくれるんですね。46歳になった最近では、ついにドゥ・ラ・メール究極のエイジング美容液と呼ばれる製品に手を出してしまいました。こちらは保湿クリームにも配合されている「ミラクル ブロス™」の結晶に、先進のテクノロジーを組み合わせて完成したというシロモノ。塗ると肌がふっくらと柔らかな印象になって、毛穴も目立たなくしてくれます。ちなみにリップバームは毎日持ち歩いていて、忘れると百貨店に飛び込んで買ってしまうほど。保湿はしてくれるし、甘いチョコミントのような味もするんです。値段は高いですが効果は絶大。キスの前にもぜひ（笑）。

BRAND STORY

半世紀以上前に航空宇宙物理学者のマックス・ヒューバー博士が実験中のアクシデントをきっかけに開発し誕生したブランド。その品質の良さから世界中のセレブリティに支持される。

（左）クリーム「ザ・モイスチャライジング ソフトクリーム」60ml 3万6000円 （中）美容液「ジェネサンス ドゥ・ラ・メール™ ザ・セラム・エッセンス」7万5000円 （右）バーム「ザ・リップ バーム」6500円／ドゥ・ラ・メール

THEME 11_BEAUTY

90 /105

Item:
SKIN CARE

Brand:
CLE DE PEAU BEAUTE

日本を代表する、究極のラグジュアリーコスメ

昨年、百貨店でトークショーをした時のことです。いわゆるイベントスペースで行うために少し早く控え室に入ろうとしたところ、1Fのビューティフロアの数カ所にものすごい人だかりと長蛇の列が……。そう、外国人による化粧品の爆買いでした。その時は、なぜこんなに並んでいるのかわからなかったのですが、それは日本ブランドに対して高品質の信頼があるから、ということを後で聞きました。その一番人気が、資生堂のクレ・ド・ポー・ボーテだったのです。ではなぜクレドポーだったのでしょうか？　その理由には、上品でエレガント、それにパッケージが美しく、欧米のラグジュアリーブランドにも劣らないブランド力があるから、といわれています。それだけではありません。成分にもこだわり続けたクレ・ド・ポー・ボーテには、肌の潜在能力を引き出すために進化した独自の優れた美容成分が配合されているのです。世界最高峰ともいえる養蚕技術で育てられた美容成分の「プラチナムゴールデンシルク」と、日本産の真珠由来のエッセンスなど独自成分も配合されていることで、紫外線などによる乾燥によるシワを防ぎ、潤いのある美しくなめらかな肌を作り出してくれるのです。夏に発売された「キーラディアンスケア」シリーズは、瞬時に肌になじみふっくらとした肌になりそう……って、またこれは爆売れしてしまいそうな予感。欠品になる前に、一式買っておこうかな(笑)。

(BRAND STORY)

1982年、フランスの都会的な優雅さと日本の美意識の融合として資生堂から誕生したブランド。肌の美しさを追求すべく進める開発技術はもちろん、成分にもこだわり続け、独自の優れた美容成分を配合。国内外から高い評価を得ている。

（左から）化粧水「ローションイドロAn」1万1500円、乳液・日中用「エマルションプロテクトゥリスn」1万2000円、乳液・夜用「エマルションアンタンシヴn」1万4000円、美容液「ル・セラム」50ml 2万5000円／すべてクレ・ド・ポー・ボーテ（資生堂インターナショナル）

THEME 11_**BEAUTY**

91 /105

Item:
SKIN CARE

Brand:
HELENA RUBINSTEIN

術後ケアとしても処方される、究極のクリーム

以前、ヘレナ ルビンスタインの「リプラスティ」誕生10周年記念のスペシャルギフトをプロデュースすることがありまして。それをきっかけに愛用するようになったのが人気のR.C. クリームです。美のパイオニアであるマダム ヘレナ・ルビンスタインが作り上げたこのブランドは、「すでに世の中にあるものは作らない」という信念のもと、117年もの長きにわたって世の女性に驚きと喜びを与え続けているんです。名品は数々ありますが、中でもこれは世界有数の美容機関であるスイスのラクリニック・モントルーとのパートナーシップで誕生したもの。キモは、肌ダメージを癒す包帯のようなバンデージクリームで、術後ケアとして処方されていること。美容意識の高い成熟した大人の女性たちから高い支持があるのも納得です。

(**BRAND STORY**)

1902年、オーストラリアでマダム ヘレナ・ルビンスタインが創業。乾燥肌・脂性肌という肌タイプ別のスキンケアを業界で初めて取り入れ、のちに世界に進出しラグジュアリーブランドとして確立している。

クリーム「リプラスティ R.C. クリーム」3万7000円／ヘレナ ルビンスタイン

92 /105 Item: SKIN CARE | Brand: DECORTÉ

肌の活力が溢れ出す、究極の新次元スキンケア

実はこれは女性用に開発された商品。でも、食事会のときに同席した広報の方から、「実は、社内の男性社員にも隠れファンが多いんです」と教えていただき、使い始めたのがコスメデコルテの「リポソーム」シリーズです。なんでもこのシリーズは、長年研究を重ねている多重層リポソーム技術を採用したもので、潤いの浸透力と持続性がハンパないのです。美容液は潤いが持続し、キメを整え、ハリのある肌を叶えてくれますし、化粧水は、瞬時に浸透し肌に活力を与えてくれるんです。ポイントは使う順番。洗顔後、化粧水の前に美容液をつけること。導入効果があるから先がいいのだとか。これが大事！ 使い始めてから、肌がカサカサする感じがなくなりました。男性だって肌ケアしないと。女性の間では、説明不要の大ヒット商品です。

BRAND STORY
1970年、コーセーから誕生したラグジュアリーブランド。肌悩みに応じたスキンケアやメイクアップなどを備えている。最新技術を使用した製品は美容好きにもファンが多い。

（左）美容液「モイスチュア リポソーム」１万円　（右）化粧水「リポソーム トリートメント リキッド」１万円／ともにコスメデコルテ

93 /105

Item:
MAKE UP

Brand:
ADDICTION

豊富なカラバリが魅力の、究極のメーキャップ

男性なので、メイクの細かいところまではわからない部分があります。でも、やっぱり女性には常に自然体で美しくいて欲しいと思うのです。若い頃は、いわゆるトレンドなどカワイイメイクをいろいろ挑戦すればいいと思うんですが、ある程度の年齢になったら、その人の内面を美しく見せるメイクが必要です。だから、自分の肌の色や骨格に似合うカラーを選ぶのはとても大切なこと。僕がアディクションを良いと思うのはカラーバリエーションの豊富さ。ブラウンでもどれだけあるの？という数で本当に驚きます。チークも同じ。リップもほどよく艶やかで絶妙な色合いが多いから必ず似合う色が見つかるはず。いくつになっても女性にはキレイでいて欲しいって思っているんですよね、男は（笑）。

(BRAND STORY)

2009年、ニューヨークをベースに活躍するメイクアップアーティストAYAKOのオリジナルブランドとしてコーセーから誕生。特徴はもちろん欠点さえメイクで楽しませ美しさを引き出してくれると注目されている。

（上下右）アイシャドウ「ザ アイシャドウ」各色2000円 （左）チーク「ブラッシュ トリニティ」2800円 （中）チーク「チークスティック」2800円／すべてアディクション（アディクション ビューティ）

THEME 11_BEAUTY

94 /105

Item: MAKE UP | Brand: SUQQU

日本人の顔色に絶妙にマッチする、究極のニュアンスカラー

イタリアなど海外出張に行くと必ず現地の女性と仕事をすることになります。皆さんとても素敵なのですが、メイクがかなりシッカリなんですよね。お国柄というか、グローバル的にそうなのかもしれません。でも、僕的にそこはあまり共感できていなくて……。というのも、やはり女性はなるべく自然なメイクのほうが素敵だと思うんです。だからメイクの色選びは慎重にすべきです。最近、知り合いが使っていたもので絶妙な美しい色合いだなと思ったのがスックでした。アイシャドウのパレットは、どうしても使わない色が半分以上になってしまうそうですが……。スックは、どれも日本人に合うニュアンスカラーばかりで、全部使えるそう。これなら、自然に女らしくが叶いそうですね。

> BRAND STORY
>
> 2003年に誕生した日本のコスメブランド。本質的なアプローチの美容理論をもとに作られた高機能なファンデーションや、和名のついたユニークなカラーアイテムが人気。

(中) アイシャドウ「デザイニング カラー アイズ」6800円、リップ「モイスチャー リッチ リップスティック」各5000円/すべてスック

95 /105

Item:
FRAGRANCE

Brand:
ACQUA DI PARMA

イタリアの太陽と海を感じさせる
究極に爽やかな香り

18歳の頃から香水を集めるのが好きで、香りを嗅いでは、どこの
ブランドのもので、作られた国やつけられたネーミングから、アレ
コレ妄想を膨らませるのが好きでした。今までにもいろいろなブラ
ンドの香りを愛用して来ましたが、最近のお気に入りは、アクア
ディ パルマの「ブルーメディテラネオ」シリーズ。その名の通り、
地中海地方特有のレモンやオレンジといった柑橘系の爽やかな香り
が特徴的なんですが……。中でも大好きなのが「アランチャ ディ
カプリ」という、カプリ島のオレンジの香りです。これが、むちゃ
くちゃ良い香りなんですね。そもそもカプリ島が好きで10回ぐら
い行っているんですが、爽やかで甘酸っぱい濃厚なオレンジの香り
がして、ずっと嗅いでいたくなるんです。いろいろなアイテムが出
ているので、大きいサイズの香水とボディローション、ディフュー
ザーは洗面台に。シャワージェルはバスルームに。小さいサイズの
香水とリップバームとハンドクリームはポーチに携帯して持ち歩い
ています。ちなみに、ジャケットの襟裏にもそっと香らせておくの
が干場流のつけこなし方。もしも、この香りの漂う女性がいたら
1週間に10日逢ってしまうはず。そう、わかりやすく言うと中毒
っていうやつですね（笑）。

(BRAND STORY)

1916年、イタリアのパルマにて創業したフレグランスメゾン。「スーツにエレガンスを加え
る最後のエッセンス」として、カルロ・マニャーニ男爵が作り上げたアイコンフレグランス
「コロニア」。オードリー・ヘップバーンやケーリー・グラントなど多くのハリウッド俳優も
愛用され、世界中で人気を博すようになる。

すべてブルー ネディテラネオシリーズ （左）ボディローション「アランチャ」<150ml>
6900円 （中）オーデトワレ「アランチャ」<30ml>8000円 （右）シャワージェル「ベル
ガモット」<200ml>6800円／すべてアクア ディ パルマ（インターモード川辺 フレグラ
ンス本部）

96 /105

Item: FRAGRANCE | Brand: PENHALIGON'S

チャーチル元首相も愛用した、究極のフレグランス

確か20年前。ミラノでふと立ち寄った香水店で見つけ、なんとも品の良い香りに思わずその場で気絶してしまったのがペンハリガンとの出合いです。それ以来ずっと愛用しているのがこの「ブレナムブーケ」。これは英国オックスフォードシャーにある、マルボロ公爵がかつて暮らしていたブレナム宮殿にインスピレーションを得て誕生した香りで、マルボロ公爵の子孫であり英国の首相だったチャーチルも愛した香りとして知られています。シトラスが爽やかに香る若々しいトップノートから、森の香りが広がるウッディで落ち着いた香りへと変わっていき、とにかく良い香りなんです。控えめでありながら、気品があるので、スーツ姿のときはだいたいコレ。英国王室御用達なのも納得です。紳士の香りをお探しの方、ぜひともお試しあれ！

(BRAND STORY)

1870年にイギリスでウィリアム・ヘンリー・ペンハリガンが設立。宮廷理髪師及び調香商としてヴィクトリア女王に仕えたのを機に、いくつものロイヤル・ワラントを保有する英国を代表するブランド。

オードトワレ「ブレナム ブーケ」2万500円／ペンハリガン（ブルーベル・ジャパン）

97 /105

Item: **FRAGRANCE** | Brand: **JO MALONE LONDON**

組み合わせることで生まれる、究極の魅惑の香り

人の印象は見た目が9割といわれていますが、実は嗅覚でもその人の印象が強く刻まれます。だから自分が身につける香りは、とても慎重に選ぶべきなんですよね。そんな中、フレグランス コンバイニング™といわれる香りの重ね付けで人それぞれの魅力を引き出すと人気なのが、英国ライフスタイルブランド、ジョー マローン ロンドンの香りです。「ウッド セージ & シー ソルト コロン」は海のミネラルと大地のウッディを感じさせてくれてアクティブな印象。パッケージも上品で高級感があるので、コロン以外のボディクリームやソープなども、ちょっとしたプレゼントにも最適です。僕はこれまでに何十種類ものフレグランスを使用してきましたが、ジョー マローン ロンドンはつけ方や組み合わせ、つける人によって香りが変化するから想像力を掻き立てられるんです。

BRAND STORY
1994年、イギリス・ロンドンにて創業。シンプルな中に意外性のある数種類の香りを組み合わせたフレグランスを創り出して以来、世界中のファンを魅了。こだわりのラッピングでも女性の心を掴んでいる。

(左) フレグランス「ウッド セージ & シー ソルト コロン」 (右)「ネクタリン ブロッサム & ハニー コロン」各1万6000円/ともにジョー マローン ロンドン (ジョー マローン ロンドン お客様相談室)

98/105

Item: HAND WASH & HAND CREAM | Brand: **MOLTON BROWN**

ホテルで見つけたら正解!とされる、究極のハンドウォッシュ

初めてモルトンブラウンを買ったのは5年ほど前。ロンドン出張の際に宿泊したホテルのアメニティがモルトンブラウンで、滞在中とても気持ち良く過ごすことができました。聞けば、世界70カ国以上の高級ホテルでアメニティ事業を展開していて、旅行雑誌『Condé Nast Traveler』では、"ホテルのバスルームにモルトンブラウンを見つけたら、そのホテルの選択は正しかったという証である"と称されるほど。これには本当に納得。それからは、自宅のバスルームやトイレ、キッチンと、場所によって違った香りのハンドウォッシュを配置。限定の「ジュニパーベリー&ラップパイン」やモルトンブラウンのアイコニックブレンドの「ブラックペッパー」など愛用しています。自宅にいても、手を洗う場所で気持ちがフレッシュに切り替わるのがいいんですよね。

(BRAND STORY)

1971年ロンドンのヘアサロンとしてスタート。その後、ボディケアやスキンケア、フレグランスなどの分野にも進出し、エリザベス女王からのロイヤルワラントを授与されている。

(左)ハンドウォッシュ3200円 (右)ハンドローション4000円/ともにモルトンブラウン(モルトンブラウンジャパン)

99 /105

Item: **BODY MILK** Brand: **BEAUTE DE SAE**

癒しの香りで快眠にもつながる、究極のボディミルク

忙しすぎると眠れないことがあるんです。そんな時には入眠剤を使ったりしていたのですが……。あるときスッと眠れる日が続いたんです。よく考えてみたら、お風呂上がりにボーテ デュ サエのボディミルクを全身につけていたのです。「ローズブーケ」というユニセックスで使える香りなんですが、とにかく優しく良い香りで持続時間が長いんです。それに米ぬか、シアバター、セサミ、オリーブなど美容効果のあるオイルを使用しているから保湿効果も高いし。さらにビタミンEをはじめとする多くの栄養素が入っているから、乾燥による肌のシワにもしっかりアプローチしてくれます。最近は「ペアベリー」の香りも愛用中。女性からも「どこの香りですか？」と聞かれるけど内緒にしています（笑）。

(BRAND STORY)

2009年に東京で誕生したボディケアブランド。"香りでもっと素敵に、より魅力的な女性へ"をコンセプトとして製品作りを開始。植物由来の天然成分と精油にこだわったボディケアシリーズが人気に。

ボディクリーム「ナチュラルパフュームドボディミルク」＜ペアベリー＞3900円／ボーテ デュ サエ

175

100 /105

Item:
TOOTH PASTE

Brand:
MARVIS

ハリウッドの女優たちも愛用する
究極のお洒落トゥースペースト

海外出張に行くと、編集部や関係者へお土産を買って帰るのですが、これがなかなか難題で……。やっぱりその土地ならではのものがいいですし、高価過ぎてもプレゼントされる側も困ってしまう。それと、たくさん買うとなると、かさ張らないのも条件になるんですよね。そんな時に、広尾のセレクトショップ、ピッコログランデのご夫婦に紹介してもらったのがマービスでした。マービスはフィレンツェで誕生したイタリアのデンタルケアブランドで、ファッション性に富んだパッケージとバラエティ豊富なフレーバーがいいんですよね。各フレーバーとも、ベースとなるミントの香りが口の中でフレッシュに広がって、清々しさが持続するんです。中でも「ジャスミン・ミント」は、ハリウッドの女優たちもまとめ買いするほど大人気。僕もイタリアでまとめ買いしたんですが、実は普段愛用しているのはシナモン・ミントなんです。歯を磨いていると、昔食べたシナモン味のガムを思い出すんですよね。甘くて爽やかで懐かしくて。例えるなら、イタリア映画『青い体験』に出てくる家政婦役のラウラ・アントネッリとファーストキスをしたような感じというか。そう、わかりやすく言うと気絶（笑）。いろいろなフレーバーがあるので、その日の気分で使い分けてみるのもおすすめですよ。

(BRAND STORY)

イタリアのフィレンツェで創業し、長い間愛され続けているデンタルケアブランド。クラシカルなパッケージデザインと、バラエティ豊富なフレーバーが特徴。動物実験をしておらず、人工着色料も使用していない。

（上から）トゥースペースト「ジャスミン・ミント」、「リコラス・ミント」、「シナモン・ミント」、「ホワイト・ミント」、「ジンジャー・ミント」、「アクアティック・ミント」、「クラッシック ストロング・ミント」、ホワイト・ミント2100円、それ以外 各1600円／すべてマービス（アッパーハウス）

ソファ「LC3」一人掛け用・二人掛け用
ともに私物／ともにカッシーナ(カッシーナ・イクスシー青山本店)

本当は100で終わるつもりでしたが
どうしても紹介したいので

＋5

THEME 12

INTERIOR & LIFE STLYE

101 /105

Item:
BLANKET & CUSHION

Brand:
BRUNELLO CUCINELLI

その肌触りに感動して泣けてくる
究極のカシミヤブランド

僕が大好きなブランドといえば、ブルネロ クチネリ。上質なカシ
ミア素材を使い、自然の中から紡ぎ出される美しい色合いや、スポ
ーツシックなアイテムはすべてが美しく、神々しいとさえ感じるラ
グジュアリーブランドです。15年前ぐらいからずっと好きで着て
いますが、気絶を通り越してしまったのは、やはりブランドの工場
があるソロメオ村を動画取材で訪ねてから……。クチネリさんの奥
様の故郷であるあの村を訪ねて、初めてブルネロ クチネリのブラ
ンドとしての企業精神「人間主義的資本主義」の素晴らしさに心打
たれました。そこには、オーナーのクチネリさんが、関わるスタッ
フや職人、村の人を大切にする気持ちが溢れていたのです。そんな
ブルネロ クチネリのアイテムで最近気に入っているのが、リビン
グルームのソファーに置いてあるクッションとブランケットです。
仕事で一日中走り回った夜、ほんの一瞬ひと息をつける、そんなと
きに最上級のファブリックのアイテムがあると、心が落ち着くんで
すよね。あまりに気持ち良すぎてそこで寝てしまうこともあるので
すが、それだけ癒されているということ。ともに時間を過ごす人と
同じくらい、抱きしめておきたいアイテムです。

(BRAND STORY)

1978年、イタリアにて創業した高級カシミヤのニットブランド。イタリアの伝統的な技術
で最高峰のカシミヤをはじめとした高級素材の製品を創出。美しい色合いと、とろけるよう
なソフトな着心地で世界のセレブリティを魅了し続けている。

クッション、ブランケット 私物／ともにブルネロ クチネリ（ブルネロ クチネリ ジャパン）

102 /105

Item: **SOFA** Brand: **CASSINA**

思い描くライフスタイルを実現する、究極のソファー

仕事柄自宅で撮影することも多いので、リビングルームは使いやすいように、天井が高く、直線的な印象にしました。そんな都会的な部屋に、すっと溶け込むようなモダンなインテリアが欲しくて購入したのが、カッシーナの「LC3」のソファです。建築家であり画家やデザイナーとしても活躍していたル・コルビュジエの生んだ「LC」シリーズのチェアやソファは、快適性、機能性を最大限に追求した傑作。完成から90年以上経過した今なお世界中で高い支持を得ています。洋服もそうですが、やはり何年も愛されるような普遍的で上質なものが好き。僕がオーダーしたのは、しっとりした質感が気持ち良いグレーの革。何も予定がないときは、写真集を見ながらゆったりと過ごしています。

(BRAND STORY)
20世紀を代表する近代建築理論家の巨匠であるフランス人建築家ル・コルビュジエをはじめ、近代建築の巨匠たちが創り出した家具の傑作の数々を確かな技術力で現代に蘇らせている。

一人掛け用ソファ「LC3」64万円〜／カッシーナ（カッシーナ・イクスシー青山本店）

103 /105

Item: **CANDLE** | Brand: **RIGAUD**

フランス最古の香水ブランドの、究極のキャンドル

リゴーのフレグランスキャンドルを初めて知ったのは、確か2011年頃だったと思います。フリーランスとして独立したての頃でした。フランスで香水ブランドとして誕生したリゴーは、老舗揃いのフランスでももっとも古い香水メーカーのひとつ。20世紀半ばから香りは香水からキャンドルへと姿を変え、"灯りのパルファン"としてその高いクオリティで世界中の人々を虜にし続けています。香りは数種類ありますが、僕のお気に入りは「レーヌ ドゥ ラ ニュイ」。"夜の王妃"と呼ばれるその香りは、フリージアとガーデニア、かすかに香るマンダリンのトップノートに始まり……と、いくら言葉を尽くしても伝わりにくいので、ぜひ一度試してみてください。夜になったらキャンドルに灯りをともすのが僕の日課です。

> BRAND STORY
>
> 19世紀にパリにてジャン・バプティスト・リゴーが香水のブティックを開業。独自の香水を創作し当時の香水業界に一大改革をもたらす。のちにキャンドルへ進化し王室や貴族からも愛されるように。

フレグランスキャンドル「プラス」7700円、「プティ」3900円／ともにリゴー（ポンソンス）

104 /105

Item: **CLOTHES HANGER** | Brand: **MAINETTI**

この絶妙な形でないと気が済まない、究極のオーダーハンガー

僕が愛用しているハンガーは、マイネッティのもの。どうしてハンガーなんか紹介するの？ と思われる人もいるでしょう。でも、ファッションに携わる自分の生業として、スーツやコートを常に美しく保つことは、とても大切なことなのです。実はマイネッティのハンガーは、クラシコイタリアをはじめとするサルトリアや名だたるラグジュアリーブランドでも使用される最高品質のものなんです。オーダーしたジャケットが綺麗に収まるようにきちんと前肩になっているし、パンツがずれ落ちないようベルベットも施されているんです。だからスーツを綺麗に見せてくれつつ、きちんと収納でき、それでいて軽量で耐久性もあるんです。ハンガーは黒子に徹して欲しいので、もちろん黒。先日も60本オーダーしましたが、今度はイニシャルの「H」を入れてもらおうかな。

(BRAND STORY)

1961年から続くイタリア最大級のハンガーブランド。特殊な発泡樹脂を使用して軽量で丈夫なハンガーを製作。高級家具を思わせる木目調のモデルは世界のメゾンで使用されている。

メンズハンガー（10本セット）1万8000円／マイネッティ（アルヴェスティ ジャパン）

105 /105

Item: **ROOM FRAGRANCE** | Brand: **CULTI**

モダンインテリアにマッチする、究極のルームフレグランス

ベランダのチェアを探していた時に、青山のアクタスで見つけたのが、クルティ ミラノのディフューザーでした。ルームフレグランスって、香りの良さはもちろん大事なんですが、実は居住空間のインテリアに似合うボトルやタイポグラフィーも大切なセレクト基準なんです。ブランド創始者の理想とする「美」を追求したとされる透明感のあるグレーのスクエアなボトルは、パッと見た瞬間に、これなら自宅のモダンなインテリアに似合うなと感じて即買いしてしまいました。香りは「THE」。煎茶やアールグレイの香りづけに使用するベルガモットなどをブレンドした、甘い煎茶の香りで日本人に馴染みやすい人気のタイプです。長時間過ごす空間だからこそ、香りもルックスも妥協せずこだわって選びたいものですね。突然誰を招待するかわからないですから（笑）。

BRAND STORY
1990年イタリアにてアレッサンドロ・アグラーティにより創業。世界で初めて開発したウッドスティック式のルームフレグランスはブランドの代名詞として多くの人々に愛されている。

ルームフレグランス「ディフューザー」<THE><1000ml>各1万9000円／ともにクルティ ミラノ（アクタス）

おわりに

ブランドとひと口にいっても、世界の超一流ブランドから、聞いたことのない日本のブランドまで、さまざまなジャンルがあったと思います。どれもおすすめできるものばかりですが、本書で紹介したものはごく一部。世界には、知られざるブランドがいくらでもありますし、名品と呼ばれるものも沢山あります。本当はもっとご紹介したかったのですが、ページ数に限りがある都合上、105に絞らなければならなかったことをまずはご理解いただければ幸いです。

もうひとつご理解いただきたいことがあります。それは、本書で紹介したものをすべて買っても必ず格好良くはなれないということ。大事なのは、自分を輝かせるスタイル（型）を形成すること。有名無名に関わらず良質なものを選ぶ審美眼を養うこと。そして組み合わせるセンスを持つことです。わかりやすく言えば知識とバランス感覚。知識が無ければ、良質なブランドやそのアイテムを知ることができません。またセンスが無ければ、良質なブランドのアイテムを持っていたとしても、宝の持ち腐れとなります。では、どうすれば良いのか？　それは、いろいろなものを見て、品定めし、購入し、組み合わせを実践するしかありません。ローマは一日にして成らずという言葉と同様、「センスの良いスタイルは一日にして成らず」なのです。

「Shopping is Voting.」という言葉があります。意味は、「買い物は投票だ」ということ。自分が納得したものを購入することは、そのブランドや企業に投票をすることと同じということ。ブルネロ クチネリというブランドは、人間主義的資本主義という言葉を掲げ、単に儲けるのではなく、近年少なくなっている技術を持った職人たちを大切にし、快適に働ける環境を作り、学校や教会を修復し、村の復興を行っています。作り出される製品の数々が美しいのはもちろんですが、そういう真に美

しい精神を持っているブランドだということ。もっと言えば、ブルネロ クチネリのカシミヤのニットを購入することは、イタリアの文化遺産を も支えていることに繋がっていくのです。

良質なブランドの価値観や人々に求められるアイテムも変わってきてい ます。地球温暖化、環境破壊、サステナビリティやトレーサビリティ ……。単なる一流ブランドであることや、普遍的なアイテムというだけ でものを買う時代から本質が問われる時代になりました。「美しい！ 素 敵！」と言われてきたブランドでも、見えない部分や裏でやっているこ とが格好悪かったら、それは真に「美しい！素敵！」とは言えないので す。インターネットやSNSが発達したことで、昔なら消費者に見えなか ったこれらの問題が露呈してしまう時代になりました。だからこそ、メ ディア側の僕にも責任はありますし、「本当に良いブランドってなんだ ろう？」と買う側の皆様にも、この本を読むことで少しだけ意識を変え ていただくきっかけになれば幸いです。長くなりましたが、この本を最 後まで読んでいただきありがとうございました。

最後に、本書を刊行するにあたり、ご尽力いただきました日本文芸社の 皆様、デザイナーの吉村 亮氏、石井志歩氏、営業を担当してくださっ た片野英児氏、編集およびライティング協力をしていただきました池田 真理子氏、素敵な撮影をして下さいました久保田育男氏、素敵な洋服を ご用意いただきました金本良子氏、美しいヘアメイクを担当していただ いた越智めぐみ氏、モデルとして素敵に洋服を着こなしていただきまし た真山景子氏、そして今回ご協力いただきました各ブランドの方々、長 年応援してくださるすべての方々に、この場をお借りしまして心よりお 礼申し上げます。本当にありがとうございました。

干場義雅

SHOP LIST

アクタス
03-5269-3207

アクリスジャパン
0120-801-922

アスプレイ ジャパン
03-3281-0066

アッパーハウス
03-6809-0889

アディクション ビューティ
0120-586-683

アマン
03-6418-5889

アルヴェスティ ジャパン
03-5778-9929

アルコディオ
03-6883-4438

アルト エ デリット
052-253-7718

インターモード川辺　フレグランス本部
0120-000-599

インテレプレ
03-6804-3861

ヴァシュロン・コンスタンタン
0120-63-1755

ヴァルカナイズ・ロンドン
03-5464-5255

オーデマ ピゲ ジャパン
03-6830-0000

オフィチーネ パネライ
0120-18-7110

オリエンタルシューズ
03-6804-3280

オリバーピープルズ 東京ギャラリー
03-5766-7426

オンワード樫山 お客様相談室
03-5476-5811

カッシーナ・イクスシー青山本店
03-5474-9001

カルティエ カスタマー サービスセンター
0120-301-757

キートン
0120-838-065

グッチ ジャパン クライアントサービス
0120-99-2177

グラフダイヤモンズジャパン
03-6267-0811

クリスチャン ルブタン ジャパン
03-6804-2855

クルチアーニ
0120-551-556

グレンクライド
ソッククラブトウキョウ
03-5846-8907

クロスクローゼット
03-5770-5274

ゲストリスト
03-6869-6670

コスメデコルテ
0120-763-325

コロネット
03-5216-6521

ザ・スーツカンパニー銀座本店
03-3562-7637

サン・フレール
03-3265-0251

サンローラン クライアントサービス
0120-95-2746

ジェイエムウエストン
03-6805-1691

ジェイアール名古屋タカシマヤ
052-566-1101

資生堂インターナショナル
0120-81-4710

ジミー チュウ
0120-013-700

ジョー マローン ロンドン お客様相談室
0570-003-770

ジョルジオ アルマーニ ジャパン
03-6274-7070

ジョン ロブ ジャパン
03-6267-6010

ジルサンダージャパン
0120-919-256

スック
0120-988-761

ストラスブルゴ
0120-383-563

スローウエアジャパン
03-5467-5358

セイコーウオッチお客様相談室
0120-061-012

セコンド ショールーム
03-3794-9822

ゼニア カスタマーサービス
03-5114-5300

髙島屋 新宿店
03-5361-1111(代表)

ダミアーニ 銀座タワー
03-5537-3336

ディースクエアード 東京
03-3573-5731

ティファニー・アンド・カンパニー・
ジャパン・インク
0120-488-712

ドゥ・ラ・メール お客様相談室
0570-003-770

トッズ・ジャパン
0120-102-578

トム フォード アイウエア
03-6804-3552

トム フォード ジャパン
03-5466-1123

トヨタトレーディング プレスルーム
03-5350-5567

日本ナンタケットバスケット協会／
グレイミスト ジャパン
03-3408-2620

日本ロレックス
03-3216-5671

ニール バレット ギンザシックス
03-3572-5216

パテック フィリップ ジャパン・
インフォメーションセンター
03-3255-8109

ハリー・ウィンストン
クライアントインフォメーション
0120-346-376

阪急メンズ大阪 3rd STYLE
（サードスタイル）
06-6361-1381（代表）

ビー・アール・ショップ
03-5414-8885

ブライトリング・ジャパン
03-3436-0011

プラダ クライアントサービス
0120-45-1913

ブリンク ベース
03-3401-2835

ブルーベル・ジャパン／マノロ ブラニク
03-5413-1050

ブルーベル・ジャパン／ペンハリガン
0120-005-130

ブルガリ ジャパン
03-6362-0100

ブルックス ブラザーズ ジャパン
0120-185-718

ブルネロ クチネリ ジャパン
03-5276-8300

ヘルノ・ジャパン
03-6427-3424

ヘレナ ルビンスタイン
03-6911-8287

ペコラ 銀座
03-3535-6465

ペッレ モルビダ 銀座
03-5524-2808

ボーテ デュ サエ
0120-381-097

ボンソンス
http://bonsens.biz

マインド
03-6721-0757

マックスマーラ ジャパン
0120-030-535

丸和繊維工業
インダスタイル トウキョウ
03-6658-8531

ミキモト カスタマーズ・サービスセンター
0120-868254

モルトンブラウンジャパン
03-3660-7996

モンブラン コンタクトセンター
0120-39-4810

八木通商
03-6809-2183

ヨーコ チャン
03-6434-0454

ラルフ ローレン
0120-3274-20

A.ランゲ＆ゾーネ
03-4461-8080

リーミルズエージェンシー
03-5784-1238

リモワ クライアントサービス
072-994-5522

リンク・セオリー・ジャパン
03-6865-0206

ルックスオティカジャパン
カスタマーサービス／ペルソール
0120-990-307

ルックスオティカジャパン
カスタマーサービス／レイバン
03-3514-2950

レナウン プレスポート
03-4521-8191

ロジェ・デュブイ
03-4461-8040

ロロ・ピアーナ銀座並木通り本店
03-3572-0303

＊私物掲載分は販売終了や現行品と一部仕様
　が異なる場合がありますので、お問い合わ
　せはご遠慮くださいませ。
＊商品価格はすべて税別です。

STAFF

デザイン	吉村 亮、石井 志歩（Yoshi-des.）
撮影	久保田 育男（OWL）
モデル	真山 景子
スタイリスト	金本 良子
ヘアメイク	越智 めぐみ
編集/執筆協力	池田 真理子（re*colabo）

干場義雅が愛する　究極のブランド100+5

2019年12月1日 第1刷発行

著　者	干場義雅
発行者	吉田芳史
印刷所	図書印刷株式会社
製本所	図書印刷株式会社
発行所	株式会社日本文芸社
	〒135-0001　東京都江東区毛利2-10-18 OCMビル
	TEL 03-5638-1660（代表）

Printed in Japan　　112191114-112191114Ⓝ01（201069）
ISBN978-4-537-21739-1
URL https://www.nihonbungeisha.co.jp/
©Yoshimasa Hoshiba 2019
編集担当：河合

乱丁・落丁などの不良品がありましたら、小社製作部宛にお送りください。送料小社負担にておとりかえいたします。
法律で認められた場合を除いて、本書からの複写・転載（電子化を含む）は禁じられています。また、代行業者等の第三者による電子データ化及び電子書籍化は、いかなる場合も認められていません。

内容に関するお問い合わせは、小社ウェブサイトお問い合わせフォームまでお願いいたします。
https://www.nihonbungeisha.co.jp/